公路工程标准规范解读系列丛书

《公路桥涵养护规范》释义手册

宋 宁 许宏元 主编

人民交通出版社股份有限公司
北京

内 容 提 要

本手册为《公路桥涵养护规范》(JTG 5120—2021)的配套用书,由规范主要起草人编写。本手册介绍了规范修订的背景情况,条文规定的原因或理由,执行条文时需注意的事项,以及调研收集的资料和为方便使用规范而补充的有关技术资料。

本手册可供公路桥涵养护技术人员、管理人员等使用。

图书在版编目(CIP)数据

《公路桥涵养护规范》释义手册 / 宋宁,许宏元主编. — 北京:人民交通出版社股份有限公司,2021.10
ISBN 978-7-114-17653-1

Ⅰ. ①公… Ⅱ. ①宋… ②许… Ⅲ. ①公路桥—桥涵工程—设计规范—注释—中国—手册 Ⅳ. ①U448.142.5-62

中国版本图书馆 CIP 数据核字(2021)第 194640 号

公路工程标准规范解读系列丛书
Gonglu Qiaohan Yanghu Guifan Shiyi Shouce

书　　名:	《公路桥涵养护规范》释义手册
著 作 者:	宋　宁　许宏元
责任编辑:	丁　遥
责任校对:	刘　芹
责任印制:	张　凯
出版发行:	人民交通出版社股份有限公司
地　　址:	(100011)北京市朝阳区安定门外外馆斜街 3 号
网　　址:	http://www.ccpcl.com.cn
销售电话:	(010)59757973
总 经 销:	人民交通出版社股份有限公司发行部
经　　销:	各地新华书店
印　　刷:	北京市密东印刷有限公司
开　　本:	720×960　1/16
印　　张:	11
字　　数:	150 千
版　　次:	2021 年 10 月　第 1 版
印　　次:	2021 年 10 月　第 1 次印刷
书　　号:	ISBN 978-7-114-17653-1
定　　价:	70.00 元

(有印刷、装订质量问题的图书由本公司负责调换)

前　言

2021年8月，交通运输部发布了《公路桥涵养护规范》（JTG 5120—2021）（以下简称"本规范"），作为公路工程行业标准，自2021年11月1日起施行，原《公路桥涵养护规范》（JTG H11—2004）（以下简称"04版规范"）同时废止。

04版规范自2004年发布实施以来，适应了我国公路建设快速发展的需要，在规范和指导公路桥涵开展检查与评定、维修与加固等方面发挥了重要的作用。随着我国交通运输事业的蓬勃发展，国内公路桥涵数量迅速增长，桥梁特别是大跨度桥梁养护技术愈加复杂，养护难度增大，04版规范已经难以适应养护需求。同时，《公路桥梁技术状况评定标准》（JTG/T H21—2011）于2011年发布实施，其评定指标是根据不同桥型部件类型进行细分后的量化标准，桥梁各部件权重分配及评定方法与04版规范不尽相同，需尽快统一。为此，交通运输部组织对04版规范进行了修订。

本次修订包含桥涵检查与评定、养护与维修、灾害预防与抢修等方面的内容，并依据政策要求新增了技术管理规定。为帮助使用者准确理解和执行规范条文的各项规定，解决桥涵养护工程实际问题，规范编写人员编写了《〈公路桥涵养护规范〉释义手册》。

本手册的主要内容有：规范修订的背景情况，条文规定的原因或理由，执行条文时需注意的事项，以及调研收集的资料和为方便使用规范而补充的相关技术资料。

本手册编写过程中应用了若干公开发表的文献资料及一些内部资料，在此对这些文献资料的作者和内部资料的提供者表示衷心的感谢。

本手册内容仅供参考,如有与规范不一致之处,以规范规定为准。

本手册完全按规范的章、节、条、款、项顺序编写。规范条文序号不变,用楷体字示出;手册的内容列于规范条文之后,用宋体字示出。

由于编者水平有限,手册中如有不当或错误之处,恳请广大读者批评指正。

编　者

2021 年 9 月

目 录 MULU

1 总则 ··· 1
2 术语 ··· 8
3 桥梁检查、监测与评定 ·· 11
  3.1 一般规定 ··· 11
  3.2 初始检查 ··· 14
  3.3 日常巡查 ··· 17
  3.4 经常检查 ··· 19
  3.5 定期检查 ··· 23
  3.6 特殊检查 ··· 48
  3.7 结构监测 ··· 51
  3.8 桥梁评定 ··· 51
4 桥梁养护与维修 ·· 57
  4.1 一般规定 ··· 57
  4.2 桥面系养护与维修 ··· 60
  4.3 梁桥上部结构的养护与维修 ·· 66
  4.4 拱桥上部结构的养护与维修 ·· 71
  4.5 钢结构的养护与维修 ··· 79
  4.6 斜拉桥上部结构的养护与维修 ··· 85
  4.7 悬索桥上部结构的养护与维修 ··· 92
  4.8 桥梁下部结构的养护与维修 ·· 102
  4.9 基础、锚碇的养护与维修 ·· 104
  4.10 支座的养护与维修 ·· 107
  4.11 桥梁附属设施的养护与维修 ·· 109
  4.12 调治构造物的养护与维修 ··· 111
5 桥梁灾害防治与抢修 ··· 113
  5.1 一般规定 ·· 113
  5.2 水毁防治与洪水期抢修 ·· 114

  5.3 冰害防治 ·· 121
  5.4 冻害防治 ·· 124
  5.5 泥石流防治 ··· 128
  5.6 震害防治 ·· 131
  5.7 火灾防治 ·· 134
  5.8 车辆、船舶、漂浮物撞击及山体落石的防治 ······················· 136
6 超重车辆过桥 ··· 140
  6.1 一般规定 ·· 140
  6.2 结构检算及荷载试验 ·· 141
  6.3 超重车辆过桥的技术措施 ·· 143
  6.4 超重车辆过桥的技术管理 ·· 144
7 涵洞检查、养护与维修 ··· 148
  7.1 一般规定 ·· 148
  7.2 涵洞检查 ·· 149
  7.3 涵洞日常养护 ··· 154
  7.4 涵洞维修 ·· 155
8 技术管理 ··· 159
  8.1 一般规定 ·· 159
  8.2 技术档案管理 ··· 162
  8.3 数据库管理 ··· 164
  8.4 信息化管理 ··· 165
参考文献 ··· 167

1 总 则

本规范为公路工程行业标准。本次修订规定了公路桥涵养护的基本要求,明确了本规范在公路桥涵养护工作中的主导作用。修订过程中,编写组在充分调研基础上结合交通运输部重点桥梁监测项目的实施,吸收各级交通主管部门、管理单位、养护单位以及从业单位的意见,明确了桥涵养护工作的主要内容和养护工作的基本要求。同时与交通运输部颁发的《公路桥梁养护管理工作制度》(交公路发〔2007〕336号)(以下简称"336号文")、《关于进一步加强公路桥梁养护管理的若干意见》(交公路发〔2013〕321号)(以下简称"321号文")、《公路养护工程管理办法》(交公路发〔2018〕33号)(以下简称"33号文")、《公路长大桥隧养护管理和安全运行若干规定》(交公路发〔2018〕35号)(以下简称"35号文")、《关于进一步提升公路桥梁安全耐久水平的意见》(交公路发〔2020〕127号)(以下简称"127号文")等文件的要求保持一致。

1.0.1 为规范公路桥涵养护工作,统一公路桥涵养护技术标准,保持桥涵处于正常使用状态,制定本规范。

本条明确了本规范的编制目的以及公路桥涵养护的技术目标。

1.0.2 本规范适用于各等级公路桥涵的养护工作。有特殊养护需求的桥梁,应制定专项养护技术规程。

本条规定了本规范的适用范围。

条文中"等级公路"指的是技术条件和设施符合《公路工程技术标准》(JTG B01—2014)的公路,按该标准第3.1.1条的规定:公路分为高速公路、一级公路、二级公路、三级公路及四级公路等五个技术等级。本规范适用于农村公路中的等级公路上的桥涵,非等级公路上的桥涵可参照使用。

本规范不包含所有特殊桥梁。有特殊养护需求的桥梁按本规范的原则，制定专项养护规程或手册。特殊桥梁是对养护技术有较高要求，且养护管理工作内容较一般桥梁复杂，有一定特殊性的桥梁，如特大型的跨江、跨海、跨峡谷桥梁和新型桥梁等。

1.0.3 公路桥涵养护应遵循"防治结合、科学养护、安全运行、保障畅通"的原则，并应符合下列要求：

1 保障结构完好、外观整洁和附属设施齐全完好。
2 配备必要的检测和养护设备、设施。
3 积极稳妥地采用先进的检查设备、养护技术和科学的管理方法。
4 及时掌握桥涵技术状况的变化，并采取相应的养护对策。
5 有效开展预防养护，保障结构耐久性。
6 确保养护作业安全，降低对交通的影响。
7 重视资源节约和环境保护。

本条从7个方面规定了桥涵养护工作的基本要求。

条款1 本款为桥涵养护工作要达到的基本目标。

条款2 设备、设施包含人工可抵近桥梁构件的工具，如桥梁检查车、升降车等，以及用于检测、维修的设备、工具。

条款3 提倡和鼓励技术创新，鼓励采用先进的自动化检查设备（如无人机、机器人、高分辨成像设备等）进行桥梁检查，鼓励采用可靠、先进的维修加固技术开展桥涵养护工作，推动桥涵养护信息化管理。

条款4 依据桥梁养护检查等级对桥梁开展周期性的检查工作，根据检查结果采取养护措施。本规范第3.8.3条明确了桥梁技术状况等级与养护对策。这里重点强调对技术状况达到3类的主要承重构件一般要求在1年内进行维修处治；对技术状况达到4类的主要承重构件需要立即采取临时处治措施，并在1年内进行加固处治。

条款5 桥梁从建成投入运营开始，结构性能就开始逐渐退化。退化到一定程度,便会出现结构损伤和各种病害,传统的维修养护是响应式的养护模式,即"哪儿坏了修哪儿",甚至是"坏到一定程度再维修",此时桥梁结构性能已经有了较大幅度的降低,养护必然需要更多的费用和资源。桥梁结构性能随时间退化的前期,在保证桥梁结构的性能指标满足要求的前提下,选择恰当的时机,预先进行有效的养护、维护工作,能延长结构保持良好性能的时间,较大程度上延缓桥梁的劣化,降低桥梁构件更换或大修的频次,以此减少养护资金的总投入,达到全寿命周期综合效益较好,这就是预防养护的核心理念。

贯彻预防养护,首先要重点解决"选择恰当的时机"的问题。预防养护开展时机决定了预防养护工作的有效性和经济性。开展过早,桥梁结构性能尚好,增加桥梁生命周期内的养护次数,不经济;开展过晚,就回归到了传统的响应式养护模式,失去预防养护的意义。因此,预防养护需要与桥梁例行检查工作、结构健康监测和技术状况评定工作相结合,需要将桥梁构件的技术状况评分与构件性能退化模型及环境作用相结合,将构件技术状况评分作为构件性能退化的量化评价指标之一,也可以将桥梁构件技术状况与实施周期相结合,开展周期性的预防养护工作。本次修订细化了检查内容,就是为了与技术状况评定相对应,以利于对结构性能退化的评价。同时在养护维修内容中,对部分构件的清洁和维修提出了定期作业的要求。第二,解决预防养护决策体系建立的问题。预防养护针对结构性能退化和材料性能退化,以提升结构耐久性水平为目标,重点为防腐和对轻微病害的处治,需要建立包含预防养护控制指标、预防养护决策、预防养护技术、工艺工法、质量标准的一整套体系。本规范为综合性较强的规范,可以提出预防养护的要求,具体内容还需要通过专门的预防养护规范、指南来实现。

条款 6 桥梁养护工程作业必须按现行《公路养护安全作业规程》(JTG H30)的要求实施。在保障养护作业人员、设备和车辆运行安全的前提下,充分考虑养护作业对交通安全保通状况的影响,保障交通通行。

长期养护作业时,应加强交通组织,降低对交通的影响。

条款7 资源节约和环境保护是基本国策。

1.0.4 公路桥涵养护应包括下列主要内容:

1 桥涵检查、监测和评定。

2 桥涵日常养护、预防养护。

3 桥涵修复养护。

4 建立桥涵养护技术档案、桥梁管理系统和数据库并及时更新。

5 桥涵构造物安全运行管理。

6 制订桥涵构造物灾害防治与抢修的应急预案,灾害发生后,及时开展应急养护。

7 设置必要的检修设施。

本条从7个方面规定了桥涵养护工作的主要内容,是从当前桥涵养护工作实际归纳出来的。

条款1 桥涵检查、评定是桥涵养护工作的基础,本规范第3章有详细的规定和要求。本款中的"监测"包括桥梁养护过程中的短期、长期监测及结构健康监测。结构健康监测即对桥梁结构状态和各类外部荷载作用下的响应情况进行监测,及时掌握桥梁的结构运行状况;定期将监测结果与检查结果进行比对和分析,提出监测评估报告,不断完善评估制度。当前的监测工作针对跨江、跨海、跨峡谷等特殊桥梁结构和需要实时监测的病害桥梁开展。部"127号文"的目标为:2025年底前实现跨江、跨海、跨峡谷等特殊桥梁结构健康监测系统全面覆盖;到2035年,公路桥梁结构健康监测系统全面建立。

条款2、3 "日常养护""预防养护""修复养护"定义详见第2章"术语",修订依据为部"33号文"。

条款4 本款为桥涵养护技术管理的要求,详细的规定和要求见本规范第8章。

条款5 桥涵构造物安全运行管理包括:桥梁安全保护区管理,会同有关部门共同加强公路桥梁桥下空间动态监管,实行封闭管理或者保护性利用管理;及时制止并配合相关部门查处各种侵占、损害桥涵构造物及附属设施的行为;根据交通管理情况及相关技术标准、规范,及时调整和完善机电、交通标志、标线、防撞、助航等设施;根据本规范第 6 章的要求,对超重车辆过桥采取管理措施;规范公路桥梁管理措施,严禁利用桥梁梁体及墩柱、桥台铺设输送易燃易爆、有毒有害气(液)体的管道;禁止利用桥涵堆放物品、搭建设施,根据相关规定对过桥管线铺设采取管理措施;建立健全风险管理和隐患排查工作制度,编制风险辨识手册,建立风险动态监控机制,定期开展隐患排查工作等。

条款6 按部"321号文"要求:桥梁管养单位应针对自然灾害和其他原因可能造成的公路桥梁安全运行事故,制订突发事件应急预案。对特大桥梁、特殊结构、特别重要桥梁和危旧桥梁,应单独制订应急预案,能够确保一旦发生事故,应急和交通组织工作井然有序。

按部"35号文"要求:针对长大桥隧特点制订专项安全运行应急预案,并与地方人民政府应急预案相衔接;根据应急工作需要,配置必要的应急人员和设备,加强应急设备维护和应急救援队伍的业务培训,提高应急处置能力;长大桥隧经营管理单位应当加强与地方公安交通管理、反恐、消防、交通运输、安监和卫生医疗等单位的联动协调,确保应急状况下反应迅速、协调有序。涉及通航的桥梁和水下隧道还应加强与海事、航道等单位的联动协调;长大桥隧经营管理单位应当每年组织针对火灾、交通事故、自然灾害等突发事件的专项应急演练;当遇有导致长大桥隧交通中断、重要受力构件损坏或其他易引发重大伤亡的突发事件时,长大桥隧经营管理单位应当立即启动应急预案,采取相应措施,会同有关单位迅速疏散车辆和人员,尽可能保证车辆、人员安全和长大桥隧安全,并为进一步开展应急救援和处置工作创造有利条件;影响长大桥隧安全运行的突发事件处置结束后,长大桥隧经营管理单位应当对应急处置工作进行总结评估,完善应急预案和应对措施。

按部"127号文"要求:完善公路应急处置预案体系,及时有效处置公路桥梁突发事件;跨江、跨海、跨峡谷等特殊桥梁按照"一桥一策"完善应急处置预案,并纳入属地应急预案体系;加强桥梁应急抢险装备物资配备及队伍建设,定期开展应急演练,强化应急保障关键技术研发应用。

条款7 早期修建的桥梁在设计过程中对后期运营养护维修重视程度不够,桥梁建成后缺少必要的检修通道、维修平台等附属设施,给运营检查和养护维修带来诸多不便。随着大量桥梁运营时间的增长,养护检修的迫切需求与相应的设施条件缺乏之间的矛盾日益突出。因此,设置必要的检修设施是桥涵养护工作的主要内容之一。

1.0.5 公路桥涵养护工程按照养护目的,应分为预防养护、修复养护、专项养护和应急养护。

本条修订依据为部"33号文",其中养护工程分类标准将公路桥涵养护工程分为预防养护、修复养护、专项养护和应急养护四个类别。

1.0.6 公路桥涵养护除应符合本规范的规定外,尚应符合国家和行业现行有关标准的规定。

本规范应与桥涵养护相关专业的标准、规范配套使用。

桥涵养护工作综合性强,涉及结构设计、施工工艺、材料性能、检测技术、评价方法、验收标准、使用环境、气象水文、地形地质等多个方面。本规范使用过程中应与相关标准规范配套使用,如第3章应与现行《公路桥梁技术状况评定标准》(JTG/T H21)、《公路桥梁承载能力检测评定规程》(JTG/T J21)、《公路桥梁荷载试验规程》(JTG/T J21-01)、《公路桥梁结构安全监测系统技术规程》(JT/T 1037)以及相关桥型的设计规范等配套使用;第4章应与现行《公路桥涵施工技术规范》(JTG/T 3650)、《公路养护工程质量检验评定标准 第一册 土建工程》(JTG 5220)及相关国家标准配套使用;第5章应与现行《公路工程水文勘测设计规范》(JTG C30)、

《公路桥梁抗震设计规范》(JTG/T 2231-01)、《公路桥梁抗撞设计规范》(JTG/T 3360-02)、《公路桥梁抗震性能评价细则》(JTG/T 2231-02)等规范配套使用。

2 术　　语

本章共有13条术语。依据《公路工程标准编写导则》(JTG A04—2013)的规定,选列的术语应是现行公路工程行业标准中尚无统一规定或在本标准中有特定含义的术语。本次修订删除了04版规范中"主桥""引桥""上部结构""下部结构""桥面系"等在《公路工程名词术语》(JTJ 002—87)中已有的术语。结合桥梁检查与评定工作内容,增加了桥梁技术状况、各类型检查的名词术语,并根据部"33号文"修订更新了桥梁养护工程术语。

2.0.1　桥梁技术状况　bridge technical condition

桥梁结构各部件或构件的综合技术指标,反映桥梁结构的完好程度、安全程度及使用功能的完善程度。

2.0.2　初始检查　initial inspection

新建或改建桥梁交付使用后,对桥梁结构及其附属构件的技术状况进行的首次全面检测,其成果是后期桥梁检查和评定工作的基准。

2.0.3　日常巡查　daily inspection

对桥面及其以上部分的桥梁构件、结构异常变位和桥梁安全保护区的日常巡视和目测检查。

2.0.4　经常检查　routine inspection

抵近桥涵结构,采用目测结合辅助工具对桥面系、上部结构、下部结构和附属设施表观状况进行的周期性检查。

2.0.5 定期检查 periodic detection

对桥涵总体技术状况进行的周期性检查及技术状况评定。

2.0.6 特殊检查 special detection

对桥梁承载能力、抗灾能力、耐久性能、水中基础技术状况进行的一项或多项检查与评定,以及对定期检查中难以判明病害成因及程度的桥梁进行的检查。

2.0.7 日常养护 daily maintenance

对桥涵及其附属设施进行的维护保养和修补轻微缺损的工作。

2.0.8 预防养护 preventive maintenance

桥涵有轻微病害但整体性能良好,为延缓其性能衰减、延长使用寿命而采取的防护工程。

2.0.9 修复养护 repair maintenance

为恢复桥涵技术状况而实施的功能性、结构性修复或更换的工程措施。

2.0.10 专项养护 special maintenance

为恢复、完善或提升桥涵使用功能而集中实施的增设、加固、改造、拆除重建等工程措施。

2.0.11 应急养护 emergency maintenance

突发情况造成公路桥涵损毁、交通中断、产生安全隐患时,实施的应急抢修、保通等工程措施。

2.0.12 桥涵加固 bridge&culvert strengthening

对桥涵部件或构件采取的补强、更换或调整内力等使其满足使用要求的工程措施。

2.0.13　桥涵改建　bridge&culvert reconstruction

　　桥涵不能满足使用需求,为提升其技术标准、荷载等级、通行能力、抗灾能力等而实施的改造工程。

3 桥梁检查、监测与评定

本章04版规范为5节33条,现修订为8节43条。本章结合桥梁养护实际需求,提出了桥涵养护检查等级,用于指导桥涵养护决策;检查类别中增加了初始检查和日常巡查,将水下检测纳入初始检查和特殊检查;增加了结构监测的要求;对各类检查的工作内容进行了细化,并从检查频率上进行了一定的调整;取消了04版规范中桥梁技术状况等级评定相关内容。

3.1 一般规定

3.1.1 公路桥梁养护检查等级应分为Ⅰ、Ⅱ、Ⅲ级,分级标准应符合下列规定:

1 单孔跨径大于150m的特大桥、特别重要桥梁的养护检查等级为Ⅰ级。

2 单孔跨径小于或等于150m的特大桥、大桥,以及高速公路或一、二级公路上的中桥、小桥的养护检查等级为Ⅱ级。

3 三、四级公路上的中桥、小桥的养护检查等级为Ⅲ级。

4 技术状况评定为3类的大、中、小桥应提高一级进行检查。

5 技术状况评定为4类的桥梁在加固维修前应按Ⅰ级进行检查。

因桥梁规模、技术状况、运营环境及所处公路等级不同,各级公路桥梁的养护需求和养护资源也有所不同。对桥梁检查等级进行分级,细化桥梁的养护要求,适应不同的养护需求,实行差异化的养护检查频率,可起到合理配置养护资源的作用。

本次修订借鉴了现行《城市桥梁养护技术标准》(CJJ 99)及重庆市等城市的桥梁养护地方标准。上述标准是先对城市桥梁养护进行分类,即根据城市桥梁在道路系统中的地位、功能及桥梁规模,将城市桥梁养护分为5类(Ⅰ~Ⅴ类:Ⅰ类养护为单孔跨径大于100m的桥梁及特殊结构的桥梁;Ⅱ类养护为城市快速路上的桥梁;Ⅲ类养护为主干路上的桥梁;Ⅳ类养护为次干路上的桥梁;Ⅴ类养护为城市支路和街坊路上的桥梁),然后根据各类桥梁在城市中的重要性,将城市桥梁养护等级分为Ⅰ、Ⅱ、Ⅲ等这三个等级(Ⅰ等为重点养护,Ⅱ等为有计划的养护,Ⅲ等为一般养护)。遵循"保证重点、养好一般、区别对待"的原则,根据养护等级遵循不同巡检周期和养护技术要求。

本规范养护检查等级(Ⅰ、Ⅱ、Ⅲ级)的提出主要用于指导桥梁养护资源的有效利用,指导桥梁各项检查工作的合理安排。

条款1 特别重要桥梁指处于跨江、河、湖、海、峡谷等重要通道,国防公路,生命线公路(为公共安全机构、消防机构、公共卫生机构、应急救援机构等应对紧急情况提供的关键运输路线),路网中关键节点和重要路段上的桥梁,以及连接国家级枢纽交通和通信设施、资源和能源供应基地的桥梁,跨越重点铁路线或重要交通设施的桥梁。

条款2 根据现行《公路桥涵设计通用规范》(JTG D60),特大、大、中、小桥按单孔跨径和多孔跨径总长分类。条款1中养护检查等级为Ⅰ级的特大桥是特指单孔跨径大于150m的特大桥;对单孔跨径小于或等于150m的按桥长定义的特大桥,养护检查等级为Ⅱ级。

条款4 养护检查等级为Ⅱ级的特大桥,如果评定为3类桥,也需要提高一级进行检查。

3.1.2 桥梁检查应分为初始检查、日常巡查、经常检查、定期检查和特殊检查。

桥梁检查在04版规范检查类型的基础上,增加了初始检查和日常巡查。

初始检查是桥梁建成或改造后的首次全面的、专业的技术状况检查,反映桥梁的初始技术状态,作为日后各项检查与评定的基准,是桥梁养护工作的重要技术基础。04版规范第3.3.1条规定"新建桥梁交付使用一年后,进行第一次全面检查",已明确提出了第一次检查的时间要求,但未对检查内容作具体规定。本次修订结合国内桥梁养护现状与需求及国外桥梁检查类型的调研成果,在桥梁检查类型中增加初始检查,并作出具体的要求。

日常巡查在《公路养护技术规范》(JTG H10—2009)第5.1.3条中已有明确规定,即"应加强桥涵的日常巡查。桥涵日常巡查是桥涵日常工作的重要内容之一,应予以充分重视,发现隐患或病害应及时处治。"目前很多公路桥梁管养单位已将日常巡查纳入长大桥梁、重要桥梁的养护工作,取得了良好的效果。近年来桥梁遭受自然灾害、车船撞击等突发情况而破坏的事件时有发生,增加桥梁日常巡查是非常必要的。很多隐患可在日常巡查中被及时发现并处治,避免严重的桥梁事故的发生,如桥梁安全保护区内采砂、取土、堆载、违章搭建、储存易燃易爆物品等危害桥梁安全的活动,以及伸缩缝严重变形、梁体错位等。

3.1.3 养护检查等级为Ⅰ级的桥梁宜安装结构监测系统对结构状态和各类外荷载作用下的响应情况进行监测,定期将监测结果与桥梁检查结果进行比对和分析。

结构监测系统是由安装在桥梁上的传感器以及数据采集与传输、数据处理与管理软件等软硬件构成,对桥梁的荷载、环境作用和桥梁结构性能参数进行测量、收集、处理、分析,并对桥梁结构正常使用水平与安全状态进行评估和预警的系统。结构监测是对桥梁结构状态和各类外部荷载作用下的响应情况进行的监测,目的是及时掌握桥梁结构的运行状况,以及在特殊气候、交通条件下或运营状况出现异常时发出预警信号,为桥梁养护、维修和管理决策提供依据。

部"127号文"中明确提出应加强桥梁结构健康监测,2025年底前实现跨江、跨海、跨峡谷等特殊桥梁结构健康监测系统全面覆盖。依托监测系统开展日常管理,健全完善长期运行机制,不断拓展系统功能,持续建设覆盖重要公路桥梁的技术先进、经济适用、精准预警的监测体系,进一步提升监测系统的实效性、可靠性和耐久性。定期将监测结果与桥梁检查结果进行比对和分析,是检查监测系统可靠性的有效手段。

3.1.4 桥梁评定应包括技术状况评定和适应性评定。

04版规范将桥梁评定分为一般评定和适应性评定。现行《公路桥梁技术状况评定标准》(JTG/T H21)对桥梁技术状况的评定方法和评定标准作了详细的规定。为避免与其重复,本次修订取消了04版规范中一般评定的相关内容,为表述一致,将一般评定调整为技术状况评定。

适应性评定在04版规范的基础上增加了耐久性评定,在本规范第3.8.5条中有具体的规定。

3.2 初始检查

本节为新增内容,明确了初始检查是桥梁后期养护工作的基础,其目的是采集桥梁的基础状态数据。本节对初始检查内容和要求作出了规定。

3.2.1 新建或改建桥梁应进行初始检查。初始检查宜与交工验收同时进行,最迟不得超过交付使用后1年。

初始检查的目的是采集桥梁的基础状态数据,建立桥梁技术档案,作为后期经常检查、定期检查、特殊检查及桥梁评定的基准。通过初始检查,可以确定桥梁各构件的基础技术状况,便于对后期发现的桥梁缺陷和病害进行对比分析,确定病害或缺陷成因及发展程度。初始检查结果是桥梁养护工作的重要原始技术资料。

初始检查需要尽早进行,以确保如实反映桥梁的初始技术状况。宜与交工验收同时进行,是为了避免一些参数重复检查或漏检。交工验收是以抽检的形式按现行《公路工程质量检验评定标准 第一册 土建工程》(JTG F80/1)对桥梁工程质量进行检测,按规定的分项工程检验项目和标准,采用合格率法进行质量评定。初始检查是全面检查,需要按本规范要求的内容和现行《公路桥梁技术状况评定标准》(JTG/T H21)进行检查评定。交工验收检测不能替代初始检查,初始检查可以沿用交工验收检测报告里已经包含的参数数据,如材质强度、构件尺寸等,避免重复检测,节约养护费用。

3.2.2 初始检查应包括下列内容:

1 定期检查需测定的所有项目,并按本规范第3.5.3条的要求设置永久观测点。

2 测量桥梁长度、桥宽、净空、跨径等;测量主要承重构件尺寸,包括构件的长度与截面尺寸等;测定桥面铺装层厚度及拱上填料厚度等。

3 测定桥梁材质强度、混凝土结构的钢筋保护层厚度。

4 养护检查等级为Ⅰ级的桥梁,通过静载试验测试桥梁结构控制截面的应力、应变、挠度等静力参数,计算结构校验系数;通过动载试验测定桥梁结构的自振频率、冲击系数、振型、阻尼比等动力参数。

5 有水中基础,养护检查等级为Ⅰ、Ⅱ级的桥梁,应进行水下检测。

6 量测缆索结构的拉索索力及吊杆索力,测试索夹螺栓紧固力等。

7 检测钢管混凝土拱桥钢管内混凝土密实度。

8 当交、竣工验收资料中已经包含上述检查项目或参数的实测数据时,可直接引用。

本条规定了初始检查工作的内容。

条款1 初始检查包含定期检查的全部内容。对单孔跨径不小于60m的桥梁,需要设立永久观测点,进行控制检测,测量数据是后期观测数据的基准,用以对比结构变形、变位情况,掌握其发展趋势。

条款2 本款为桥梁恒载变异状况调查需要测量或测定的内容,是确定桥梁结构恒载变异的基准数据。各参数的测量方法和频率可参照现行《公路桥梁承载能力检测评定规程》(JTG/T J21)执行。

条款3 桥梁材质强度可沿用交工验收检测报告数据。钢材强度依据设计要求和验收资料确定,必要时可在结构有代表性的构件上截取试件通过试验确定。

条款4　现行《公路工程质量检验评定标准　第一册　土建工程》(JTG F80/1)中要求"特大跨径的桥梁、结构复杂的桥梁和承载能力需要验证的桥梁应进行荷载试验,试验结果应满足设计要求和符合相关技术规范的规定"。其要求进行荷载试验的桥梁与本规范检查等级为Ⅰ级的桥梁基本对应,静动载参数测试结果可沿用交工验收检测报告数据。

条款5　水下检测包括表观缺陷检测、基础冲刷及淘空检测、河床断面测量、水下构件材质强度检测、钢筋保护层厚度测定,必要时可增加基础倾斜、位移、钢筋锈蚀电位的检测。

条款6　拉索、吊杆索力状态决定着缆索结构桥梁的整体受力状态和变形状态,是影响桥梁运营安全的关键因素之一。运营过程中,由于拉索、吊杆本身存在松弛和应力损失,伴随交通荷载的交变作用,其索力会发生变化。工程实践表明,索力的退化是一个随机的非线性过程。因此,对拉索、吊杆索力的监测是十分必要的。桥梁运营初始阶段测量索力,是后期养护测量数据的基准,是评价拉索、吊杆技术状况的基础数据。

根据我国现有大跨悬索桥的检测成果,悬索桥索夹螺栓紧固力下降现象普遍存在,且下降幅度较大。索夹螺栓紧固力下降会降低索夹抗滑移安全系数,引起索夹滑移,使吊索索力重分配,进而改变主梁线形,影响结构安全。同时,索夹滑移会导致索夹环缝的防护破损,空气和水将进入主缆,严重影响结构耐久性。根据实桥检测结果及国内外研究,索夹螺栓紧固力的下降是持续发生的,且初期降幅较大,后期平缓。传统的检查方式是通过检查索夹及环缝的外观来判断索夹是否滑移,但当发现环缝破损或索夹下滑后,索夹的滑移已经产生,恢复困难,因此应针对索夹开展相应的预防养护,防止其滑移。尽早开展索夹螺栓紧固力的检测,制订补张计划是非常必要的。

条款7　现行《公路工程质量检验评定标准　第一册　土建工程》

(JTG F80/1)规定的钢管拱肋混凝土浇筑实测项目中包含混凝土脱空率检测,初始检查可沿用交工验收检测报告数据。

条款8 初始检查内容包含桥梁总体尺寸、主要承重构件尺寸、材质强度、钢筋保护层厚度等,在桥梁没有明显腐蚀、锈蚀、损伤或经历改造的情况下,上述参数不会发生能影响结构评定的变化,因此在后期的定期检查和特殊检查中可以直接沿用上述参数在初始检查时得到的数据,避免检查工作的重复,节约养护资源。

3.2.3 初始检查后应提交技术状况评定报告。技术状况评定报告应包括下列内容:

1 桥梁基本状况卡片(附录A)、桥梁初始检查记录表(附录B)、桥梁定期检查记录表(附录C)、桥梁技术状况评定表。

2 典型缺损和病害的照片、文字说明及缺损分布图,缺损状况的描述应采用专业标准术语,说明缺损的部位、类型、性质、范围、数量和程度等。

3 三张总体照片。包括桥面正面照片一张,桥梁两侧立面照片各一张。

4 本规范第3.2.2条规定的检查内容的成果。

5 养护建议。

初始检查后要根据现行《公路桥梁技术状况评定标准》(JTG/T H21)对桥梁进行技术状况评定,本条是对检查成果应包含内容的规定,规范报告格式与内容,保证检查深度满足要求。现场填写桥梁基本信息表、检查记录表和技术状况评定表。通过初始检查建立桥梁初始技术档案,确定桥梁技术状况,标示桥梁已存在缺陷和损伤,提出养护建议。

3.3 日 常 巡 查

本节为新增内容。日常巡查为结合养护需求,细化增设的桥梁检查类别。本节规定了日常巡查的主要内容、检查频率和方法。

3.3.1 养护检查等级为Ⅰ、Ⅱ级的桥梁,日常巡查每天不应少于1次;对有特殊照明需求(功能性及装饰性照明、航空航道指示灯等)的桥梁,应适当开展夜间巡查。养护检查等级为Ⅲ级的桥梁,日常巡查每周不应少于1次。遇地震、地质灾害或极端气象时应增加检查频率。

日常巡查是本次修订新增检查类型,检查频率根据桥梁养护检查等级和技术状况确定。日常巡查的目的是及时获知桥梁结构运营是否正常,使桥梁结构在病害初期或突发情况下能得到及时养护或紧急处治。日常巡查可由管养单位专业技术人员组织实施。

经调研,目前很多公路桥梁管养单位已将日常巡查纳入长大桥梁、重要桥梁的养护工作,并取得了良好的效果。日常巡查有助于及时发现安全隐患。本条结合当前桥梁养护实际和部"35号文"第十三条的规定,对日常巡查的频率作出了规定。

3.3.2 日常巡查可以乘车目测为主,并应做巡检记录,发现明显缺损和异常情况应及时上报。

日常检查可以乘车目测,必要时步行检查,近距离目测。日常巡查前可由桥梁信息管理系统或人工制订当日巡查桥梁名录及巡查路线,巡检过程发现明显缺损和异常时,应立即向主管部门报告,必要时采取交通管制措施。每次巡查结束后应将巡检记录及时归档。日常巡查的记录表格可以根据桥梁结构形式、桥位处环境、交通特点等因素,由桥梁管养单位的信息管理系统或人工制订,本规范不作具体的格式规定。

3.3.3 日常巡查应包括下列内容:

1 桥路连接处是否异常。

2 桥面铺装、伸缩缝是否有明显破损;伸缩缝位置的桥面系是否存在异常。

3 栏杆或护栏等有无明显缺损。

4 标志标牌是否完好。

5 桥梁线形是否存在明显异常。

6 桥梁是否存在异常的振动、摆动和声响。

7 桥梁安全保护区是否存在侵害桥梁安全的情况。

本条规定了日常巡查工作的内容,主要包括桥面及以上部分桥梁构件及桥梁结构异常变位情况的目测检查,关注桥梁自身情况的同时也应注意桥梁使用环境是否存在异常。

当主梁或下部结构发生异常的横桥向变形或变位时,伸缩缝处的护栏、栏杆、标线等会有明显的错位、错台等情况出现,日常巡查时需要重视,如发现此类情况,需查看对应桩号处的桥梁下部结构情况。桥梁护栏线形可反映出主梁线形的变化,巡检时需注意观察。

桥梁安全保护区的检查根据部"321号文"的要求开展,具体为:特大桥跨越的河道上游500m、下游3 000m,大桥跨越的河道上游500m、下游2 000m,中小桥跨越的河道上游500m、下游1 000m范围内是否存在采砂活动;中桥及以上公路桥梁跨越的河道上、下游各1 000m范围内是否有抽取地下水、架设浮桥以及修建其他危及公路桥梁安全的设施;中桥及以上公路桥梁200m范围内是否有从事采矿、采石、取土、爆破作业等危及公路桥梁安全的活动;中桥及以上公路桥梁200m范围内是否设立生产、储存、销售易燃、易爆、剧毒、放射性等危险物品的场所、设施。

3.4 经常检查

3.4.1 经常检查应符合下列规定:

1 养护检查等级为Ⅰ级的桥梁,经常检查每月不应少于1次。

2 养护检查等级为Ⅱ级的桥梁,经常检查每两个月不应少于1次。

3 养护检查等级为Ⅲ级的桥梁,经常检查每季度不应少于1次。

4 在汛期、台风、冰冻等自然灾害频发期,应提高经常检查频率。

5 养护检查等级为Ⅱ、Ⅲ级的桥梁,在定期检查中发现存在4类构件时,加固处治前应提高经常检查频率。

6 对支座的经常检查每季度不应少于1次。

04版规范对经常检查的频率要求为"每月不少于一次"。《公路养护技术规范》(JTG H10—2009)中,对经常检查的频率要求为"每季度不少于一次"。《城市桥梁养护技术标准》(CJJ 99—2017)是将日常巡检归为经常性检查,按养护类别不同规定为1~7d巡检一次。

本次修订在04版规范的基础上,根据桥涵养护检查等级不同,结合桥梁技术状况和管养单位的实际能力,为适应不同的养护需求,在增加了日常巡检的要求后,将养护检查等级为Ⅱ、Ⅲ级的桥梁的经常检查频率适当降低,合理配置养护资源。

定期检查发现桥梁存在4类构件时,应及时进行加固处治。加固处治前,为及时掌握桥梁技术状态,应提高经常检查频率。发现病害发展较快时,需要及时封闭交通,确保安全。

多数桥梁需借助桥梁检测车或临时支架才能实现对支座的抵近检查,一个月检查一次支座,在养护实践中操作困难,较难实现。为合理分配养护资源,保证养护成效,本次修订在调研和广泛征求桥梁管养单位意见的基础上,将对支座的经常检查频率调整为每季度不少于一次。若支座技术状况较差且缺损发展较快,则应缩短检查周期。

3.4.2 经常检查宜抵近桥梁结构,以目测结合辅助工具进行。应现场填写"桥梁经常检查记录表"(附录D)。

经常检查的目的是检查桥梁表观缺损,记录缺损类型,测量缺损范围,统计修复工程数量,为修复养护计划提供依据。

经常检查主要采用目测方法,并辅以简单设备(如望远镜、照相机、摄像机,以及扳手、铲子、锉刀等常用工具)来进行检查和记录。现场填写"桥梁经常检查记录表"是及时、准确收集信息的重要保证,填写要求准确无误,不能漏填,不允许事后回忆补填。

3.4.3 经常检查中发现桥梁重要部件缺损严重,应及时上报。

桥梁重要部件为桥梁主要承重部件,不同桥型的主要部件可参见现行《公路桥梁技术状况评定标准》(JTG/T H21)的规定。

3.4.4 经常检查应包括下列内容:

1 桥梁结构有无异常的变形和振动及其他异常状况。

2 外观是否整洁,构件表面是否完好,有无损坏、开裂、剥落、起皮、锈迹等。

3 混凝土主梁裂缝是否有发展,箱梁内是否有积水。钢结构主梁抽查焊缝有无开裂,螺栓有无松动或缺失。

4 斜拉索、吊杆(索)、系杆等索结构锚固区的密封设施是否完好,有无积水或渗水痕迹,密封材料等有无老化和开裂;主缆最低点是否渗水;索鞍是否有异常的位移、卡死、辊轴歪斜以及构件锈蚀、破损;鞍座混凝土是否开裂;鞍室是否渗水、积水。

5 支座是否有明显缺陷,使用功能是否正常。

6 桥面铺装是否存在病害。

7 伸缩缝是否堵塞、卡死,连接部件有无松动、脱落、局部破损。

8 人行道、缘石有无破损、剥落、裂缝、缺损和松动。

9 栏杆、护栏有无破损、缺失、锈蚀、移动或错位。

10 排水设施有无堵塞和破损。

11 墩台有无明显的倾斜、损伤、开裂及是否受到车、船或漂流物撞击而受损;基础有无冲刷、损坏、悬空;墩台与基础是否受到生物腐蚀。

12 翼墙(侧墙、耳墙)、锥坡、护坡、调治构造物有无缺损、开裂、沉降和塌陷。

13 悬索桥锚碇是否存在渗水、积水。

14 交通信号、标志、标线、照明设施以及桥梁其他附属设施是否完好、正常工作。

15 永久观测点及标志点是否完好。

经常检查针对目测所及的所有桥梁构件,应对桥梁各个构件进行目测检查并对损伤作出初步判断。检查需要严谨有序,避免漏项。本次修订在04版规范14款缺损类型的基础上,按部件类型归纳合并了部分款项,同时增加了对斜拉桥、悬索桥、系杆拱桥的桥梁构件的缺损检查以及对永久观测点的检查款项。

条款1 结构刚度退化、墩台沉降、荷载效应大于设计承载能力等因素会导致结构出现异常变形,可表现为桥面线形的异常、墩台倾斜等。

条款2 外观整洁、构件完好是桥梁养护要达到的基本要求。桥梁结构的材料退化及损伤往往从结构表观表现出来。

条款3 检查主梁裂缝是否有发展,重点要检查控制截面、重要部位的裂缝是否有发展及发展速度和程度,即裂缝长度、宽度及数量的变化等。

条款4 主缆、斜拉索、吊杆的经常检查需要注重检查护套、锚固区域、密封设施等表面构件是否存在老化、开裂及渗漏水等情况。

条款5 支座的使用功能是将桥梁荷载有效传递到桥墩,同时满足桥梁变形需要。经常检查应检查支座是否出现滑移、脱空、外鼓,是否出现过大的剪切变形(剪切角大于35°),支座材料是否有老化开裂情况等。对四氟滑板支座,还应检查支座是否放置正确,滑板能否满足正常滑移需要;对非固定支座的盆式支座,还应检查滑移是否正常等。

条款6 沥青混凝土铺装缺陷包括龟裂、裂缝、坑槽、松散、沉陷、车辙、波浪拥包、泛油、修补不良、污染等;水泥混凝土铺装缺陷包括板破碎、裂缝、板角裂缝、错台、边角剥落、接缝料损坏、坑洞、拱起、露骨、修补、污染等。当上部结构受力发生变化时,往往也会在桥面铺装上以反射裂缝的形态表现出来,因此对桥面铺装上出现的较长的纵向裂缝和横向裂缝,需重点关注其发展变化。

条款7 检查发现桥梁一侧有伸缩缝抵死情况时,应注意检查同一联的另一侧伸缩缝是否有拉开情况,结合其他病害情况可初步判断整联梁体是否产生了纵桥向的滑移。

条款9 除检查表观缺损外,还应注意检查两联之间的栏杆、护栏是否有错位情况。

条款10 采用集中排水的管道较容易出现缺损,检查时应注意。

条款13 悬索桥锚碇的前、后锚室渗水甚至积水情况较为常见,影响结构耐久性,位于山区的悬索桥此类问题更为突出,经常检查应充分重视。如发现锚室内有渗水、积水现象,可以在降雨期间及降雨后的几个小时内,在现场查找渗漏部位和水的来源。

条款15 本款为新增检查项目,参照本规范第3.5.3条,检查永久观测点的设置情况。

3.5 定期检查

3.5.1 养护检查等级为Ⅰ级的桥梁,定期检查周期不得超过1年;养护检查等级为Ⅱ、Ⅲ级的桥梁,定期检查周期不得超过3年。

经调研统计,各国对桥梁检查的内容深度和频率要求规定不一:美国为24个月进行一次常规检查;丹麦为1～6年一次;英国针对次等桥梁,数月进行一次详细检查;法国每5年对大于120m的桥梁进行详细检测;德国每3年进行一次总体检测;瑞士每5年进行一次间隔性检测;意大利每年进行一次全面彻底的检测;日本每年进行一次A级定期检查,1～5年进行一次B级定期检查。我国《城市桥梁养护技术标准》(CJJ 99—2017)将桥梁定期检测分为常规定期检测和结构定期检测;常规定期检测为每年一次;结构定期检测周期根据养护类别确定,Ⅰ类养护的城市桥梁为3～5年,Ⅱ～Ⅴ类养护的城市桥梁为6～10年。

04版规范规定定期检查周期根据技术状况确定,最长不得超过三年。部"321号文"明确提出"定期检查是确定桥梁技术状况的全面检查,应不少于三年一次,特大、特殊结构和特别重要的桥梁定期检查周期不少于一年一次"。结合该文件要求,本次修订时在04版规范的基础上,考虑桥梁规模和重要性,增加"养护检查等级为Ⅰ级的桥梁,定期检查周期不得超过1年"的规定。

本次修订取消了04版规范"在经常检查中发现重要部(构)件的缺损明显达到三、四、五类技术状况时,应立即安排一次定期检查"的条款,由本规范第3.4.3条和第3.6.1条第1款代替。这是因为经常检查的工作内容不包含技术状况评定,不能准确量化评定重要部(构)件的技术状况,评定结果缺乏依据;其次,定期检查是对桥梁的全面检查,经常检查发现重要部(构)件有严重缺损时,应对缺陷部(构)件开展有针对性的检查,而不应是针对全桥的定期检查。

3.5.2 定期检查应接近各部件仔细检查其缺损情况,并应符合下列规定:

1 现场校核桥梁基本数据,填写或补充完善"桥梁基本状况卡片"(附录A)。

2 现场填写"桥梁定期检查记录表"(附录C),记录各部件缺损状况并绘制主要病害分布图。

3 对桥梁永久观测点进行复核,对桥面高程及线形、变位等检测指标进行量测。

4 判断病害原因及影响范围。

5 进行技术状况评定,提出养护建议。

本条规定了定期检查应完成的5个方面的工作,对应04版规范第3.3.2条。04版规范共6款,本次修订将04版规范的第4、5、6款合并为本条的第5款,增加了第3款对永久观测点复核和测量桥面高程及变形、变位的要求。

定期检查和经常检查均有目测,但定期检查需要辅以必要的测量仪器、望远镜、照相机、探测工具和设备,强调"应接近各部件仔细检查其缺损情况"。定期检查需要创造接近各部件的条件,如使用桥梁检测车、搭设临时支架等。

条款1 定期检查前要认真查阅有关技术资料、初始检查报告及近期定期检查报告,做好人员、设备等准备,落实安全保障措施。在现场检查前需尽可能多地收集相关资料,了解桥梁现状,以便保证检查的针对性,利于对病害的掌握和成因分析。

条款2 绘制主要病害分布图为本次修订新增要求。在进行现场检查时,对主要构件的病害应准确标识其发生的部位。绘制裂缝分布图,应对裂缝进行编号及书面记录,绘制裂缝展开图,图中标识裂缝长度、宽度和开展方向。主要承重构件的结构性裂缝需要同步在结构上进行标识,标识裂缝起、始位置,测量其长度、宽度、位置,必要时测量裂缝深度,并在裂缝附近位置标出检测日期、裂缝长度、宽度及对应宽度的测点位置。其他表观缺陷用标记笔画出其分布区域,测量其面积,并予以记录。填写"桥梁定期检查记录表"需在现场及时、准确地完成。

条款3 本款根据本规范第3.5.3条执行。进行控制检测的桥梁为单孔跨径不小于60m的桥梁和检测中发现结构存在异常变形或变位的桥梁。

条款4 判断病害原因及影响范围,结合历次定检报告进行对比分析,以判明病害成因、预测病害发展趋势,为养护建议提供可信、充足、准确的依据。

条款5 对于难以判断构件损伤原因及程度的桥梁,提出进一步特殊检查的要求,不可盲目下结论。对损坏严重、危及安全运行的桥梁,提出限制交通、维修加固或改造重建的建议。

3.5.3 桥梁永久观测点设置及检测项目应符合下列规定:

1 单孔跨径不小于60m的桥梁,应设立永久观测点,定期进行控制检测。桥梁检测项目与永久观测点布置要求见表3.5.3。单孔跨径小于60m的桥梁,检测中若发现结构存在异常变形,应进行相应的控制检测。特殊结构桥梁,宜根据养护、管理的需要,增加相应的控制检测项目。

表3.5.3　桥梁检测项目与永久观测点

	检测项目	永久观测点
1	桥面高程	每孔不宜少于10个点,沿行车道两边(靠缘石处)布设,跨中、$L/4$、支点等控制截面必须布设
2	墩、台身、锚碇变位	布置于墩、台身底部(距地面或常水位0.5~2m)、桥台侧墙尾部顶面和锚碇的上、下游两侧各1~2点
3	墩、台身、索塔倾斜度	墩、台身底部(距地面或常水位0.5~2m)的上、下游两侧各1~2点
4	索塔变位	每个索塔不宜少于2个点,索塔顶面、塔梁交接处各1~2点
5	主缆线形	每孔不宜少于10个点,沿索夹位置布设,主缆最低点和最高点必须布设
6	拱轴线	每孔不宜少于18个点,沿拱圈上、下游两侧拱肋中心处在拱顶、$L/8$、$L/4$、$3L/8$、拱脚等控制截面布设
7	拱座变位	不宜少于2个点,布设于拱座上、下游两侧
8	悬索桥索夹滑移	桥塔侧第一对吊杆索夹处各设1点
9	索鞍与主塔相对变位	索鞍处各设1点

2　桥梁永久观测点的设置应牢固可靠。当测点与国家大地测量网联络有困难时,应建立相对独立的基准测量系统。永久观测点有变动时,应及时检测、校准及换算,保持数据的有效和连续。

3　设置永久观测点后,应绘制永久观测点平面布置图,并在图中明确基准点位置。

4　桥梁主体结构维修、加固改造前后,应进行控制检测,保持观测资料的连续性。

5　应设而没有设置永久观测点的桥梁,应在定期检查时按规定补设。测点的布设和首次检测的时间及检测数据等,应按要求归档。

6　特大桥、大桥、中桥的墩台旁,必要时可设置水尺或标志,以观测水位和冲刷情况。

设永久观测点,作为位移和变形监测的基准,是评定桥梁结构技术状况的重要指标。对大型桥梁建立永久观测点,定期进行控制检测是桥梁检查的一项工作,其检测周期可与定期检查同期相同,也可短于定期检查周期。

04版规范第3.3.3条主要针对特大型、大型桥梁的控制检测。本次修订结合部"336号文"第二十四条的规定,对需要设置永久观测点的桥梁类型作了明确规定,即单孔跨径60m及以上的桥梁。经调研,"十二五"期间全国各省(区、市)的多数桥梁监管及管养单位均贯彻执行部"336号文",对单孔跨径60m及以上的桥梁设置永久观测点已逐渐纳入桥梁的养护工作,取得了较好的效果。

本条规定在明确了桥梁类型的同时,对长期观测点设置与检测项目进行了补充,增加了主缆线形、拱轴线线形、索塔水平变位等项目。

桥面高程按二等工程水准测量要求进行闭合水准测量;墩(台)顶的水平变位或塔顶水平变位可采用悬挂垂球法、极坐标法或其他可靠方法进行测量;拱轴线和主缆线形可采用极坐标法进行平面坐标和三角高程测量。

索塔沉降观测:观测方法可以精密水准测量方法为主,精密三角高程方法为辅。根据变形观测测量精度要求高的特点以及标志的作用和要求不同,将测量点分为三类:基准点、工作基点、变位点。观测时间应尽量选在无风的阴天,以减少外界条件特别是折光对观测的影响。索塔沉降观测以精密水准测量方法测量时,采用精密水准仪配套因瓦水准尺;以精密三角高程方法测量时,采用全站仪配套棱镜。

索塔水平位移和扭转变形观测:可采用精密监测全站仪+配套棱镜精密极坐标测量方法,按照二等观测精度施测。

由于桥梁结构会受到温度作用的影响,测量时应记录测时温度及天气情况,利于对测量结果进行温度修正。

3.5.4 桥面系的检查应包括下列内容：

1 桥面铺装层纵、横坡是否顺适，有无严重的龟裂、纵横裂缝，有无坑槽、拥包、拱起、剥落、错台、磨光、泛油、变形、脱皮、露骨、接缝料损坏、桥头跳车等现象。

2 伸缩缝是否有异常变形、破损、脱落、漏水、失效，锚固区有无缺陷，是否存在明显的跳车。

3 人行道有无缺失、破损等。

4 栏杆、护栏有无缺失、破损等。

5 防排水系统是否顺畅，泄水管、引水槽有无明显缺陷，桥头排水沟功能是否完好。

6 桥上交通信号、标志、标线、照明设施是否损坏、失效。

桥面系各部(构)件的使用性能直接体现出桥梁的服务质量，影响使用者行走或行驶的安全性和舒适性。通常情况下，相较于上、下部结构，桥面系是在桥梁运营期内病害和损伤多发的部位，维修最为频繁。通过定期检查，详细了解桥面系的缺损情况、成因及其对桥梁结构使用性能的影响是养护工作的基础。桥面系的检查以外观检查为主，测量并记录缺损的区域范围、长度或面积。

3.5.5 混凝土梁桥上部结构检查应包括下列内容：

1 混凝土构件有无开裂及裂缝是否超限，有无渗水、蜂窝、麻面、剥落、掉角、空洞、孔洞、露筋及钢筋锈蚀。

2 主梁跨中、支点及变截面处，悬臂端牛腿或中间铰部位，刚构的固结处和桁架的节点部位，混凝土是否开裂、缺损，钢筋有无锈蚀。

3 预应力钢束锚固区段混凝土有无开裂，沿预应力筋的混凝土表面有无纵向裂缝。

4 桥面线形及结构变位情况。

5 混凝土碳化深度、钢筋锈蚀检测。

6 主梁有无积水、渗水，箱梁通风是否良好。

7 组合梁的桥面板与梁的结合部位及预制桥面板之间的接头处混凝土有无开裂、渗水。

8 装配式梁桥的横向连接构件是否开裂,连接钢板的焊缝有无锈蚀、断裂。

混凝土梁桥上部结构检查内容结合桥梁技术状况评定指标确定。在桥梁外观没有明显腐蚀、锈蚀、损伤或经历改造的情况下,钢筋保护层厚度、混凝土强度不会发生能影响结构评定的变化,评定时对这两项参数一般沿用初始检查的检测成果即可。

条款1 混凝土梁桥外观检查的要点之一是检查混凝土是否开裂。引起混凝土开裂的因素复杂多样,不同因素作用下,裂缝形态表现不同。因此,需详细检测并记录裂缝发生位置,裂缝的形态、长度及宽度,必要时量测裂缝的深度,作为判断裂缝成因和采取处治措施的依据。

04版规范中表3.5.2-4对梁、拱、墩台裂缝的最大限值作出了明确规定。现行《公路桥梁技术状况评定标准》(JTG/T H21)对桥梁技术状况的评定方法和评定标准作了详细的规定。为避免与其重复,本次修订取消了04版规范中一般评定的相关内容,因此裂缝限值表也相应取消。裂缝限值可按《公路桥梁承载能力检测评定规程》(JTG/T J21—2011)中表7.3.4的规定执行。

结构裂缝由荷载产生。裂缝对结构的影响与桥梁所处环境有关,表3-1为常见构件结构性开裂病害程度评价表,检测评定时可对照参考。

表3-1 常见构件结构性开裂病害程度评价表

结构类型	裂缝种类	裂缝宽度(mm)					
		Ⅰ、Ⅱ类环境			Ⅲ、Ⅳ类环境		
		轻微	中等	严重	轻微	中等	严重
全预应力、预应力混凝土A类构件	梁体竖向、斜向	(0,0.1]	(0.1,0.2]	>0.2	(0,0.1]	(0.1,0.2]	>0.2
	梁体横向	(0,0.1]	(0.1,0.2]	>0.2	(0,0.1]	(0.1,0.2]	>0.2
	梁体纵向	[0.2,0.3]	(0.3,0.4]	>0.4	[0.15,0.25]	(0.25,0.35]	>0.35

续表 3-1

结构类型	裂缝种类	裂缝宽度(mm)					
		Ⅰ、Ⅱ类环境			Ⅲ、Ⅳ类环境		
		轻微	中等	严重	轻微	中等	严重
钢筋混凝土构件、采用精轧螺纹钢筋的预应力混凝土B类构件	梁体竖向、斜向	[0.2,0.3]	(0.3,0.4]	>0.4	[0.15,0.25]	(0.25,0.35]	>0.35
	梁体横向	[0.2,0.3]	(0.3,0.4]	>0.4	[0.15,0.25]	(0.25,0.35]	>0.35
	梁体纵向	[0.2,0.3]	(0.3,0.4]	>0.4	[0.15,0.25]	(0.25,0.35]	>0.35
采用钢丝和钢绞线的预应力混凝土B类构件	梁体竖向、斜向	[0.1,0.2]	(0.2,0.3]	>0.3	—	—	—
	梁体横向	[0.1,0.2]	(0.2,0.3]	>0.3	—	—	—
	梁体纵向	[0.1,0.2]	(0.2,0.3]	>0.3	—	—	—
砖、石、混凝土拱	拱圈横向	[0.3,0.4]	(0.4,0.5]	>0.5	[0.25,0.35]	(0.35,0.45]	>0.45
	拱圈纵向	[0.5,0.6]	(0.6,0.7]	>0.7	[0.45,0.55]	(0.55,0.65]	>0.65
	拱波与拱肋结合处	[0.2,0.3]	(0.3,0.4]	>0.4	[0.15,0.25]	(0.25,0.35]	>0.35
墩台	墩台帽	[0.3,0.4]	(0.4,0.5]	>0.5	[0.25,0.35]	(0.35,0.45]	>0.45
	墩台身 有筋	[0.3,0.4]	(0.4,0.5]	>0.5	[0.25,0.35]	(0.35,0.45]	>0.45
	墩台身 无筋	[0.4,0.5]	(0.5,0.6]	>0.6	[0.35,0.45]	(0.45,0.55]	>0.55

注:1. 表中Ⅰ类环境为温暖或寒冷地区的大气环境、与无侵蚀性的水或土接触的环境。
2. 表中Ⅱ类环境为严寒地区的大气环境、使用除冰盐环境、滨海环境。
3. 表中Ⅲ类环境为海水环境。
4. 表中Ⅳ类环境为受侵蚀性物质影响的环境。

条款2 不同类型的梁式桥结构,裂缝发生部位和裂缝性质不尽相同,需结合桥梁的受力情况及特点,重点检查控制截面、节点部位的开裂状况及钢筋锈蚀情况。

条款3 后张预应力混凝土的锚固区受到预应力锚固集中力作用,存在局部承压和应力扩散,在锚固力从锚垫板向全截面扩散过程中,会产生横向拉应力即劈裂应力,锚固面压陷在锚固面边缘产生剥裂应力,大偏心锚固时锚固区受拉侧边缘还存在纵向拉应力。以上因素均容易导致锚固区混凝土开裂,影响结构预应力效率。因此,针对预应力混凝土结构应重视锚固区域的混凝土表观检查。

预应力混凝土梁桥因保护层厚度不足,构造钢筋、定位钢筋配置偏少,引起沿预应力钢束的纵向裂缝;或预应力筋发生锈蚀,锈蚀物堆积膨胀,导致混凝土开裂。检查混凝土表面是否有沿预应力筋的纵向开裂,也是预应力混凝土梁桥的检查重点。

条款4 混凝土主梁的跨中变形过大(下挠)或墩台发生沉降、变位等,可从桥面线形的变化中体现出来。桥面线形的变化在一定程度上能反映结构内力的变化情况,是分析桥梁结构受力状态以及进行桥梁技术状况评定的重要指标。

条款5 混凝土碳化是由于环境介质(CO_2)侵入并与混凝土中碱性物质发生化学反应,导致混凝土 pH 值降低呈现中性化的过程。混凝土碳化达到保护层深度后破坏钢筋钝化膜,引发钢筋锈蚀。钢筋锈蚀将造成钢筋断面减少、强度降低,钢筋锈蚀物引发混凝土体积膨胀和开裂。混凝土碳化深度和钢筋锈蚀检测是混凝土梁桥技术状况评定以及承载能力检测评定的组成指标。

条款6 水是导致混凝土和钢筋发生腐蚀的外部介质之一,在寒冷地区还会导致混凝土冻胀破坏。箱梁通风良好可以降低箱梁内、外的温差,减少温度力对结构的不利影响。

条款7 组合梁的桥面板与梁的结合部位及预制桥面板之间的接头处等结构薄弱部位是检查的重点之一。

条款8 横向连接构件缺损或失效会降低结构整体性,甚至导致装配式梁(板)的单梁(板)受力。对装配式桥梁的横向连接构件的检查不可忽视。

3.5.6 钢桥上部结构检查应包括下列内容:

1 构件涂层劣化情况。

2 构件锈蚀、裂缝、变形、局部损伤。

3 焊缝开裂或脱开。

4 铆钉和螺栓松动、脱落或断裂。

5 结构的跨中挠度、结构变位情况。

6 钢箱梁内部湿度是否符合要求,除湿设施是否工作正常。

7 钢-混凝土组合梁桥和混合梁桥的检测,除应符合本条及本规范第3.5.5条的相关要求外,尚应包括下列内容:

1) 桥面板与梁的结合部位有无纵向滑移、开裂。

2) 预制桥面板之间的接头处混凝土有无开裂、压溃、渗水、错位。

3) 混凝土梁段与钢梁段结合处构造功能是否正常,接合面有无脱开、渗漏、错位、承压钢板变形等。

本条前5款检查内容结合桥梁技术状况评定指标确定。钢结构变形、裂缝、锈蚀及联结件是否正常均属检查范围。

条款1 涂层是保证钢结构耐久性的防护层,是预防锈蚀形成、延缓锈蚀发展的措施。钢结构桥梁主要采用的防腐涂层包括金属涂层、有机油漆涂层和复合涂层等。涂层劣化表现为流痕、气泡、针孔、白化、发黏、起皱、变色、表面粉化、起皮、开裂、剥离等现象。通过定期检查,掌握涂层劣化状况,可以为预防养护和修复养护提供依据。涂层劣化等级的评定可按现行《色漆和清漆 涂层老化的评级方法》(GB/T 1766)的规定执行。

条款2 锈蚀是影响钢结构桥梁技术状况的主要因素,锈蚀引起构件截面减小,承载力下降,腐蚀产生的锈坑可能造成构件的脆性破坏,影响结构安全性。钢结构的裂缝主要由于疲劳产生,在一定条件下会导致结构脆性断裂。钢结构的变形可分为整体变形和局部变形两类:整体变形表现为钢梁的弯曲、畸变和扭曲等;局部变形为构件在局部区域内出现的变形,如构件的凹凸变形、端面的角变位、板边褶皱波浪状变形等。变形影响结构的美观,降低构件的刚度和稳定性,并导致附加应力产生。通车情况下,造成构件变形有两种原因:一是机械撞击;二是局部受力过大,如压杆失稳。后一种情况可能危及整个结构的承载能力,因此在检查中要注意判别,并提出处治建议。

条款3 钢结构体系中,所有结构杆件都是通过节点来连接的。按连接方式分类有螺栓连接、焊接连接和铆钉连接,其中焊接应用最为广泛。焊缝缺陷是焊接过程中产生于焊缝金属或附近热影响区钢材表面或内部的缺陷。常见的缺陷有裂纹、焊瘤、烧穿、弧坑、气孔、未焊透、夹渣、咬边、未熔合,以及焊缝尺寸不符合要求、焊缝成形不良等。焊缝缺陷容易引起应力集中,导致焊缝开裂。根据《钢结构设计标准》(GB 50017—2017)的规定,焊缝质量等级分为三级,焊缝应根据结构重要性、荷载特性、焊缝形式、工作环境以及应力状态等情况分别选用不同的质量等级。《公路钢结构桥梁设计规范》(JTG D64—2015)对钢结构桥梁上焊缝质量等级应达到一级和不得低于二级的情况作出了明确规定。可按《钢结构工程施工质量验收标准》(GB 50205—2020)根据焊缝质量等级,开展焊缝的外观检测。设计要求全焊透的一、二级焊缝采用超声波探伤进行内部缺陷检查,超声波探伤不能对缺陷作出判断时,可采用射线探伤。

钢箱梁焊缝的检测,因工作量较大,建议定期检查中按一定比例抽检(国外一般为1%~3%),先对焊缝表面涂层进行检测,若发现焊缝开裂或怀疑焊缝开裂,则加大抽检频率,对焊缝进行详细检测。

条款4 除焊接外,铆钉和螺栓连接也是钢构件的主要连接形式。铆接和栓接常常由于连接件和紧固件的腐蚀、过度振动、超应力、开裂和单个紧固体失效等原因造成松动。例如:螺栓初始安装或铆钉施铆不当;连接件局部的腐蚀形成截面损失,造成拉伸破坏;板间锈蚀引起的板层膨胀力使铆钉松动;振动导致螺母松动等。高强螺栓在潮湿空气、雨水环境中,外部环境的氢侵入螺杆,螺纹处的小缺陷在应力腐蚀和疲劳的作用下开裂,发生延迟断裂。除断裂、松动、脱落之外,栓接的病害还表现为螺杆弯曲、滑移变形、连接板翘曲、连接板螺孔挤压等。

需要重视铆钉、螺栓等联结件及节点的检测,因为这些部位易于损坏,节点处易于存积雨水、垃圾造成锈蚀。对铆钉、螺栓的检查主要采用目测结合敲击的方法,重点检查节点板较厚处,即长铆钉、长螺杆、已经维修或更换过的铆钉与螺栓连接处,纵横梁与主桁连接处,承受反复应力的连接处,易于积水、积污的角落处尤其是下弦节点部位等。目视检查时,如发现铆钉或螺栓头部有流锈痕迹或涂层开裂,多为松动,可用小锤对其进行敲击,听声或触摸判别,发现松动后应在现场清晰标识,并记录。

条款5 对单孔跨径不小于60m的桥梁,需要在定期检查时对桥面高程(用以判断跨中挠度)和结构变位进行控制检测;对单孔跨径小于60m的桥梁,检测中若发现结构或构件存在异常变形,则需要进行相应的控制检测。

钢结构变形、变位检测主要内容包括:结构的挠度(平面弯曲、垂直度)、结构主体倾斜、结构水平位移、结构动态变形(沉降速率)、结构不均匀沉降等。

条款6 钢箱梁腹腔是封闭的,若湿度过大易引起钢材锈蚀。在一些大型桥梁设有调节环境湿度的装置,其工作状态也是定期检查的内容。

条款7 钢-混凝土组合梁桥和混合梁桥的检测综合混凝土梁桥和钢梁桥的检测内容进行,同时需注重钢-混凝土结合面的检查。

3.5.7 拱桥上部结构检查应符合下列规定:

1 主拱圈是否变形、开裂、渗水,拱脚是否发生位移。

2 圬工拱桥拱圈的灰缝有无松散、剥离或脱落,砌块有无风化、断裂、压碎、局部掉块、脱落;钢筋混凝土拱桥的拱圈(片)表观及材质状况检测应按本规范第3.5.5条执行;钢-混凝土组合拱桥及钢拱桥的钢结构检测应按本规范第3.5.6条执行。

3 行车道板、横梁、纵梁及拱上立柱(墙)、盖梁、垫梁的混凝土有无开裂、剥落、露筋和锈蚀。空腹拱的腹拱圈有无较大的变形、开裂、错位,立墙或立柱有无倾斜、开裂。

4 拱的侧墙与主拱圈间有无脱落,侧墙有无鼓凸变形、开裂,实腹拱拱上填料有无沉陷,排水是否正常。

5 拱桥的横向联结有无变位、开裂、松动、脱落、断裂、钢筋外露、锈蚀等,连接部钢板有无锈蚀、断裂。

6 双曲拱桥拱波与拱肋结合处是否开裂、脱开,拱波之间砂浆有无松散、脱落,拱波是否开裂、渗水等。

7 劲性骨架的拱桥,混凝土是否沿骨架出现纵向或横向裂缝。

8 吊杆索力有无异常变化。吊杆防护套有无开裂、鼓包、破损,必要时可打开防护套,检查吊杆钢丝涂膜有无劣化,钢丝有无锈蚀、断丝。钢套管有无锈蚀、损坏,内部有无积水;吊杆导管端密封减振设施和其他减振装置有无病害及异常等。

9 逐个检查吊杆锚头及周围锚固区的情况,锚具是否渗水、锈蚀,是否有锈水流出的痕迹,锚固区是否开裂。必要时可打开锚具后盖抽查锚杯内是否积水、潮湿,防锈油是否结块、乳化失效,锚杯是否锈蚀。锚头是否锈蚀,镦头或夹片是否异常,锚头螺母位置有无异常。

10 拱桥系杆外部涂层是否劣化,系杆有无松动,锚头、防护罩、钢箱有无锈蚀、损坏。预应力混凝土系杆的检测应按本规范第3.5.5条执行。

11 钢管混凝土拱桥钢管内混凝土密实度检测,检查频率宜为3~6年1次。

本条针对我国公路拱桥常用的结构形式,提出了检查部位及内容要求。

条款1 拱圈变形有施工期变形和运营期变形。施工期间的拱圈变形包括由于施工时拱架放样造成的主拱圈永久性变形以及施工时主拱圈支架刚度不足或未经过充分预压导致的拱圈变形等。运营期的变形主要包括荷载作用下,随着拱圈开裂、砂浆脱落而发生的不可恢复的永久性变形,墩台基础不均匀沉降导致的拱顶开裂错台,基础水平滑移导致的拱顶下沉或上拱等。

条款2 圬工拱桥拱圈的灰缝即砌缝,附着的植物根系、水、软体动物分泌物等使砌缝砂浆材料溶解流失而形成冲蚀,造成局部剥落。冲蚀严重时,会削弱砌块之间的连接,甚至导致砌块脱落。圬工材料受风、雨的侵蚀作用而风化,使材料强度降低,进而导致整个结构承载能力的降低。

钢拱桥检测内容与钢梁桥检测内容除拱脚位移外,其余基本相同。

条款3 本款为针对拱上建筑的检查要点。拱上建筑为纵向连续结构或拱式腹拱时,考虑拱上建筑与主拱圈联合作用,主拱圈的受力变形会影响到拱上建筑,检查时应充分重视拱上建筑表现出的病害与主拱圈联合受力的关系。

条款4 拱上侧墙主要承受拱上填料的水平土压力与桥面活载产生的侧压力。主拱圈变形量大、侧墙浇筑质量差、变形缝未设置或设置不当、桥面铺装开裂雨水下渗时,侧墙会在拱上填料、自身恒载及活载作用下侧向受力形成外鼓,导致其与拱圈连接界面剥裂。侧墙与拱圈联合受力,侧墙病害会降低拱圈的承载能力,并导致桥面系的破坏。

条款5 横向联结构件缺损或失效会降低结构整体性,降低拱片的承载能力,对横向联结构件的检查不可忽视。

条款6 双曲拱桥拱肋与拱波结合面上常出现环向裂缝,一般在主拱拱顶和拱脚位置处此种裂缝宽度最大,从拱脚和拱顶向1/4跨裂缝宽度逐渐减小甚至消失。拱脚附近的环向裂缝主要由肋、波之间的抗剪能力弱,拱脚剪力较大而引起;拱顶区域的环向裂缝则因拱肋受拉时产生径向拉力,而肋波间抗拉能力很小而产生。

条款7 劲性骨架拱桥首先施工桁架式的劲性骨架,起到支架的作用,同时作为施工平台,在劲性骨架上搭设模板,分段分环现浇混凝土,形成劲性骨架混凝土拱。劲性骨架作为混凝土拱中的钢筋,成为截面的一部分,无须拆卸回收,在施工中和使用中都承担荷载。劲性骨架混凝土拱桥,当骨架位置处的混凝土表面出现纵向裂缝和骨架接头处的横向裂缝时,需高度重视,查明开裂原因。

条款8 中、下承式拱的吊杆检测和系杆拱的系杆检测需要引起重视。由于中、下承式拱桥在我国公路桥梁中服役时间不长,早期设计对吊杆的防护构造处理不尽完善,既不能有效防止水的浸入,又不便进行检测和养护(类似的情况还有斜拉桥的斜拉索及吊桥的吊杆),出现问题较多。例如:2001年11月7日,某跨径240m的中承式混凝土拱桥,8根吊杆在横梁相连部位突然断裂,致使4片横梁、桥面板及人行道坠落。事后检测发现吊杆钢绞线已严重腐蚀,约50%的钢绞线为陈旧性断裂。某下承式钢管混凝土系杆拱桥,使用5年后发现主桥出现多种病害,其预应力钢绞线的系杆严重锈蚀,仅在表层即可见到9根钢绞线断裂。

通过测量吊杆索力,并将实测值与成桥时及历年检查的索力测量值进行对比,判断索力变化,是评价吊杆技术状况的重要手段。对检查中发现索体存在防护破损严重、钢丝锈蚀或断丝、锚头存在锈蚀等缺陷时,需要对有缺陷吊索进行索力测试;当怀疑吊杆内有断丝时,需要采取特殊检查的方式进一步明确。

条款9 吊杆体系防腐是钢管混凝土桥梁养护的关键,针对吊杆体系渗水、腐蚀的检查尤为重要。

条款10 混凝土系杆与预应力混凝土梁的检查要点基本相同。

条款11 钢管混凝土拱桥的管内混凝土不密实,交竣工验收和初始检查时均能发现此类病害,并采取相应处治措施。运营过程中,钢管和混凝土吸热、散热速度和变形不一致,在日积月累的温差作用下,钢管与混凝土会产生一定的脱离,该过程相对时间较长。因此,对该项指标的检查一般为3~6年检查1次。

3.5.8 斜拉桥上部结构及索塔的检查应包括下列内容：

1 桥塔有无异常变位,锚固区是否有开裂、水渍,有无渗水现象。混凝土结构有无缺损、裂缝、剥落、露筋、钢筋锈蚀。钢结构涂装是否粉化、脱落、起泡、开裂,钢结构是否锈蚀、变形、裂缝;螺栓是否缺失、损坏、松动;钢与混凝土连接是否完好。

2 拉索索力有无异常变化,观测斜拉索线形有无异常。

3 斜拉索防护套有无开裂、鼓包、破损、老化变质,必要时可以打开防护套,检查斜拉索的钢丝涂层劣化、破损、锈蚀及断丝情况。

4 逐个检查锚具及周围锚固区的情况,锚具是否渗水、锈蚀,是否有锈水流出的痕迹,锚固区是否开裂。必要时可打开锚具后盖抽查锚杯内是否积水、潮湿,防锈油是否结块、乳化失效,锚杯是否锈蚀。锚头是否锈蚀、开裂,镦头或夹片是否异常,锚头螺母位置有无异常。

5 主梁的检测,除应按本规范第3.5.5条、第3.5.6条执行外,还应检查梁体拉索锚固区域的混凝土结构是否开裂、渗水,钢结构是否有裂纹、锈蚀、渗水。

6 钢护筒是否脱漆、锈蚀,钢护筒内有无积水,钢护筒与斜拉索密封是否可靠,橡胶圈是否老化或严重磨损,橡胶圈固定装置有无损坏,阻尼器有无异常变形、松动、漏油、螺栓缺失、结构脱漆、锈蚀、裂缝。

7 桥梁构件气动外形是否发生改变;气动措施和风障是否完好;钢主梁检修车轨道、桥面风障、护栏、栏杆的形状及位置是否发生改变。

本条对04版规范斜拉桥的检查内容作了调整,检查内容结合桥梁技术状况评定指标确定。将索塔下部和基础检查内容调整至第3.5.11条"桥梁墩台及基础的检查"中。

条款1 桥塔是斜拉桥的主要承重结构,索力的垂直分力引起塔柱轴向力和水平力,对塔柱产生弯矩和剪力。温度变化(日照影响)、沉降、风荷载、地震力、混凝土收缩、徐变等都将对塔柱产生轴向力、水平力、扭矩和顺桥向、横桥向的弯矩。因此,桥塔变位观测、塔身及锚固区的表观开裂情况检查是检查工作的重点,同时应根据塔身材料特点开展相关病害的检查工作。

条款2 斜拉索是斜拉桥主要受力构件之一,直接决定斜拉桥的工作状态。斜拉索索力变化会引起相邻拉索的索力变化,同时引起主梁局部应力的变化,还会使拉索的应力幅或上限应力提高,这些均会给结构及斜拉索带来不利影响。为防止索力突然变化引起结构构件内力重分配或拉索断裂,应定期测试拉索索力。索力测试的目的在于将历年检查的实测值进行比较,了解拉索索力变化状况、拉索损伤状况及松弛情况。索力测试一般采取抽检方式,选取长、短、中三种类型拉索进行测试,并在3年内覆盖全部拉索。检查中发现拉索存在防护破损严重、钢丝锈蚀或断丝、锚头锈蚀等缺陷时,需要进行索力测试。

常用的索力测试方法有压力表测量法、压力传感器测量法和振动测试法。其中压力表测量法和压力传感器测量法适用于施工阶段,二者可相互配合使用;振动测试法也称频率法,在一定条件下索股拉力与索的振动频率存在对应的关系,在已知索的长度、分布质量及抗弯刚度时,可通过索股的振动频率计算索的拉力。振动测试法适用于成桥后的索力测试,测试方法与要求可参见现行《公路桥梁荷载试验规程》(JTG/T J21-01)。另外,磁通量法也是一种测试索力的方法,通过置于索中的电磁传感器测定磁通量的变化,根据索力、温度与磁通量变化的关系推算索力。索力测试应注意记录测时温度和天气情况,如与要对比的前期测试索力的测时温差超过±5℃,需要进行温度修正。

条款3 常用的斜拉索聚乙烯(PE)防护套损坏形式有翘皮、龟裂、开孔、纵向裂缝、横向裂缝、环状开裂等。制造过程中拉索可能因制造问题存在初始损伤;储运过程中处于内圈的索体防护套由于卷绕半径小,始终保持较高应力状态可能导致开裂;施工过程中,保护措施不足导致防护套被刮伤;运营过程中的意外事故、环境作用会导致防护套损伤和老化开裂。防护套有穿透性开裂,拉索下锚头有渗水时,应打开破损处的防护套,查看钢丝状况。斜拉索钢丝锈蚀分布存在不均匀性,外层钢丝在防护套破损位置锈蚀最为严重,同时拉索下部由于积水引发的锈蚀也较为严重。拉索锈蚀时其钢丝锈蚀程度由外向内逐渐降低,钢丝锈蚀形式有孔蚀、均匀腐蚀、应力腐蚀和疲劳腐蚀。斜拉索承受较大的拉力,高强钢丝应力很高,在高应力、反复荷载、风振作用下,较易发生应力腐蚀。拉索钢丝生锈后会伴随锈水流淌、锈皮起鼓脱落情况,钢丝锈蚀断裂到一定数量,将导致拉索断裂。

条款4 斜拉索的锚固系统是容易产生病害的部位,容易积水且检查较困难,该部位受力也复杂,更易发生拉索钢丝锈蚀、断丝甚至索体断裂病害。应借助检测平台,清除锚固设施表面防锈油脂后仔细检查其表面锈蚀情况,对存在锈蚀的锚杯,应将其端盖卸除以方便检测锚板、镦头、夹片等锚固构造及锚杯内螺纹的锈蚀程度等。拉索与混凝土主梁的锚固一般采用顶板锚固、箱内锚固、斜隔板锚固、梁体两侧锚固、梁底锚固等形式。主梁上设置的锚固块空间受力复杂,应力集中,锚固块的尺寸或配筋不当时易产生开裂,检查时应关注锚固区混凝土是否开裂。而钢梁的索梁锚固部位受斜拉索锚固力集中作用,其稳定和疲劳问题突出,检查时应注意裂纹和局部变形情况。

条款5 斜拉桥主梁形式多样,常见的有混凝土梁、钢箱梁、钢桁梁、钢-混组合梁等。其中混凝土主梁截面形式有实心板截面、边箱梁截面(PK梁)、箱形截面、带斜撑箱形截面和肋板式截面等;钢箱梁主梁截面形式有整体式或分体式箱形截面及边箱梁截面等;钢桁梁主梁截面形式有矩形、倒梯形等,钢桁梁桥面结构通常为正交异性钢桥面板或混凝土桥面板;组合梁主梁截面形式有工字钢主梁、边箱梁加小纵梁、扁平流线型箱梁及钢桁梁等。应根据主梁材料和截面形式特点结合本规范第3.5.5条和第3.5.6条的规定,确定检查重点和检查方式。

条款6 本款内容为针对斜拉索防腐系统和减振措施的检查,检查其技术状况和有效性,为养护维修提供依据。

条款7 桥梁根据桥位风环境、桥型、跨径等因素确定合适的结构体系及构件气动外形,必要时会增设气动措施、附加阻尼措施,以改善或提高结构抗风性能。构件气动外形是为满足抗风性能的设计构件外形;气动设施包括附加导流板、抑流板、中央稳定板、风嘴、分流板、气动翼板、气动格栅、风鳍板等;风障是安装在主梁上降低桥面侧向风速影响以提高桥面行车安全性和舒适性的结构。

检查时,应注意主梁、主塔、斜拉索的外形是否与设计一致,外形上有无改变。设置气动设施及风障的,检查气动设施和风障是否完好。钢主梁的检修车轨道、桥面风障、护栏、栏杆等附属设施的形状和位置也是根据抗风性能要求而设定的,对主梁气动性能有较大影响,不能随意改变。考虑风对行车安全的影响,抗风设计会选择合适的护栏形式来保障风致行车安全。因此,应注意桥梁护栏形式有无改变,护栏周边有无临时设施阻挡等。

3.5.9 悬索桥主要构件的检查应包括下列内容:

1 桥塔有无异常变位,混凝土结构有无缺损、裂缝、剥落、露筋、钢筋锈蚀。钢结构涂装是否粉化、脱落、起泡、开裂,钢结构是否锈蚀、变形、裂缝;螺栓是否缺失、损坏、松动;钢与混凝土连接是否完好。

2 主缆线形是否有变化。主缆防护有无老化、开裂、脱落、刮伤、磨损;主缆是否渗水,缠丝有无损伤、锈蚀,必要时可以打开涂层和缠丝,检查索股钢丝涂膜有无劣化,钢丝有无锈蚀、断丝。锚头防锈漆是否粉化、脱落、开裂,抽查锚头防锈油是否干硬、失效,锚头是否锈蚀、开裂,镦头或夹片是否异常,锚头螺母位置有无异常。

3 吊索索力有无异常变化;吊索防护套有无裂缝、鼓包、破损,必要时可以打开防护套,检查吊索钢丝涂膜有无劣化,钢丝有无锈蚀、断丝。钢套管有无锈蚀、损坏,内部有无积水;吊索导管端密封减振设施和其他减振装置有无病害及异常等。

4 逐个检查吊索锚头及周围锚固区的情况,锚具是否渗水、锈蚀,是否有锈水流出的痕迹，锚固区是否开裂。必要时可打开锚具后盖抽查锚杯内是否积水、潮湿、防锈油是否结块、乳化失效、锚杯是否锈蚀。锚头是否锈蚀、开裂，镦头或夹片是否异常，锚头螺母位置有无异常。

5 索夹螺栓有无缺失、损伤、松动；索夹有无错位、滑移；索夹面漆有无起皮脱落，密封填料有无老化、开裂；索夹外观有无裂缝及锈蚀；测试索夹螺栓紧固力。

6 加劲梁的检测，应按本规范第3.5.5条、第3.5.6条执行。

7 主索鞍、散索鞍上座板与下座板有无相对位移、卡死、辊轴歪斜，鞍座螺杆、锚栓有无松动现象。鞍座内密封状况是否良好。索鞍有无锈蚀、裂缝，索鞍涂装有无粉化、裂缝、起泡、脱落，主缆和索鞍有无相对滑移。

8 锚碇外观有无明显病害，如裂缝、空洞等；锚碇有无沉降、扭转及水平位移。锚室顶板、侧墙表面状况是否完好。锚室内有无渗漏水，是否积水，温湿度是否符合要求；除湿设备运行是否正常。

9 索股锚杆涂层是否完好，有无锈蚀、裂纹病害。

10 桥梁构件气动外形是否发生改变；气动措施和风障是否完好；钢主梁检修车轨道、桥面风障、护栏、栏杆的形状及位置是否发生改变。

本条对04版规范中悬索桥的检查内容作了调整，将索塔下部和基础检查内容调整至第3.5.11条"桥梁墩台及基础的检查"中。

条款1 悬索桥桥塔检查要点与斜拉桥桥塔基本相同，悬索桥塔顶区域鞍座下存在较大的集中力，需注意塔顶区域是否存在开裂情况。

条款2 对于主缆和吊杆（所有拉索类桥梁均类似），注重构件的表观检查，若表面防护套完好、无渗水等现象，主缆和吊杆内部一般不易发生锈蚀等病害；若发现表观存在缺陷，需要根据缺损程度，决定是否对内部索体采取进一步检测。

主缆表面有破损、渗水痕迹或有锈水渗出，以及怀疑主缆内部断丝时，需开窗检查主缆内部索股。

条款3　吊索索力测试一般采取抽检方式,选取长、短、中三种类型吊索进行测试,并在3年内覆盖全部吊索。检查中发现索体存在防护破损严重、钢丝锈蚀或断丝、锚头存在锈蚀等缺陷时,需要进行索力测试。索力测试方法详见本手册第3.5.8条的释义。

条款4　在锚杯与吊索、叉形耳板的连接处,应检查密封材料、密封圈、密封压环等是否完整,密封性是否良好。

条款5　索夹上的螺杆需要施加预紧力,以抵挡由吊索拉力产生的沿主缆径向的分力,从而避免索夹滑移。从国内外悬索桥检测结果看,由于主缆钢丝镀锌层蠕变、螺栓材料松弛、主缆受力变细、索夹变形、主缆钢丝排列变化等原因,运营期索夹螺杆紧固力下降较为普遍,下降幅度为30%~74%,降幅均较大。多数索夹螺杆的残留力均值已经低于设计值的70%,将导致索夹抗滑系数下降,增大滑移风险。因此,定期检查时对索夹螺杆紧固力进行测试非常必要。索夹螺栓紧固力测试,初始检查时全部测试;定期检查时根据实际情况进行抽检,根据桥梁规模和技术状况在3~6年覆盖全部索夹。

条款6　悬索桥加劲梁一般有钢箱梁、钢桁梁、钢板梁、钢-混凝土组合梁、预应力混凝土梁等。应根据加劲梁结构形式、受力特性和材料特点,确定检查内容与检查重点。

条款7　悬索桥索鞍一般分为主索鞍、散索鞍。主索鞍的鞍体与底座间的滑动式移动摩擦副通常是为实现施工期间的顶推位移而设置的临时性结构,成桥后主索鞍与索塔是固结定位的;散索鞍下设置的移动摩擦副则是永久性结构,通过其位移解决边跨主缆的线形变化问题。检查时应注意二者的区别。

条款8　锚碇一般分为重力式锚碇、隧道式锚碇和岩锚锚碇。检查时应根据锚碇结构形式特点确定检查内容和重点。对埋置于地下或处于水包围环境的前、后锚室的表面及外露于地面的锚室表面,应仔细检查是否存在开裂、渗水情况。

条款9 索股锚杆为处于封闭空间的钢结构,需重点检查其锈蚀情况和防腐性能。

条款10 本款释义同第3.5.8条的条款7。

3.5.10 支座的检查应包括下列内容:

1 支座是否缺失,组件是否完整、清洁,有无断裂、错位、脱空。

2 活动支座实际位移量、转角量是否正常,固定支座的锚销是否完好。

3 橡胶支座是否老化、开裂,有无位置串动、脱空,有无过大的剪切变形或压缩变形,各夹层钢板之间的橡胶层外凸是否均匀。

4 四氟滑板支座是否脏污、老化,聚四氟乙烯板是否磨损、是否与支座脱离、是否倒置。

5 盆式橡胶支座的固定螺栓是否剪断,螺母是否松动,钢盆外露部分是否锈蚀,防尘罩是否完好,抗震装置是否完好。

6 组合式钢支座是否干涩、锈蚀,固定支座的锚栓是否紧固,销板或销钉是否完好。钢支座部件是否出现磨损、开裂。

7 摆柱支座各组件相对位置是否准确。混凝土摆柱的柱体有无破损、开裂、露筋。钢筋及钢板有无锈蚀。活动支座滑动面是否平整。

8 辊轴支座的辊轴是否出现爬动、歪斜。摇轴支座是否倾斜。轴承是否有裂纹、切口或偏移。

9 球型支座地脚螺栓有无剪断、螺纹有无锈死,支座防尘密封裙有无破损,支座相对位移是否均匀,支座钢组件有无锈蚀。

10 支承垫石是否开裂、破损。

11 简易支座的油毡是否老化、破裂或失效。

12 支座螺纹、螺母是否松动,锚螺杆有无剪切变形,上下座板(盆)的锈蚀状况。

13 支座封闭材料是否老化、开裂、脱落。

14 斜拉桥、悬索桥的纵向和横向限位支座的检测,应按本条执行。

支座是容易损坏的构件,在日常检查中很难对其进行目测检查,因此在定期检查中要作为重点检测的构件。支座采用的材料类型较多,有橡胶、四氟乙烯、钢筋混凝土、钢等。其中橡胶等高分子材料寿命较短,定期检查时要注意其老化问题。支座的工作状态是否正常(如活动支座是否灵活,位移量是否正常等)是定期检查的内容。悬索桥、斜拉桥设置的限位功能的纵向和横向支座,检测时不能遗漏。

条款1 检查支座与梁体底面及垫石顶面的接触状态,判断其是否存在整体脱空或局部脱空。整体脱空支座直接采用钢尺测量脱空量;局部脱空支座采用0.1mm的塞尺或钢尺测量脱空深度及最大脱空量,计算脱空面积,并对脱空位置进行测量和记录。

条款3 通常情况下,支座剪切角大于35°且不可恢复时可判定为剪切位移过大。对于存在剪切变形的支座,应对其变形的方向和环境温度进行记录,并对剪切角的大小进行量测。板式橡胶支座剪切角正切值的关系式为 $\tan\alpha = \Delta_1/t_e$,其中 Δ_1 为支座累计水平剪切变形,可用钢尺直接测量;t_e 为支座橡胶层的总厚度。支座的竖向平均压缩变形不大于支座橡胶层总厚度的0.07倍。正常承压的板式橡胶支座四周侧面的波纹状凹凸应均匀一致。

条款5 对活动盆式支座还需注意检查其变位状态,根据支座上、下座板的相对位置关系及限位装置的状态判断支座平面变形和转角变形是否超限。

3.5.11 桥梁墩台及基础的检查应包括下列内容:

1 墩身、台身及基础变位情况。

2 混凝土墩身、台身、盖梁、台帽及系梁有无开裂、蜂窝、麻面、剥落、露筋、空洞、孔洞、钢筋锈蚀等。

3 墩台顶面是否清洁,有无杂物堆积,伸缩缝处是否漏水。

4 圬工砌体墩身、台身有无砌块破损、剥落、松动、变形、灰缝脱落,砌体泄水孔是否堵塞。

5 桥台翼墙、侧墙、耳墙有无破损、裂缝、位移、鼓肚、砌体松动。台背填土有无沉降或挤压隆起,排水是否畅通。

6 基础是否发生冲刷或淘空现象,地基有无侵蚀。水位涨落、干湿交替变化处基础有无冲刷磨损、颈缩、露筋,有无开裂,是否受到腐蚀。

7 锥坡、护坡有无缺陷、冲刷。

本条列举了墩台和基础检查的主要内容。主要针对墩台、基础在水面或地面以上部分,水下检查属于特殊检查内容。

3.5.12 附属设施检查应包括下列内容:

1 养护检修设施是否完好。

2 减振、阻尼装置是否完好。

3 墩台防撞设施是否完备。

4 桥上避雷装置是否完好。

5 桥上航空灯、航道灯是否完好,能否保证正常照明。桥面照明及结构物内供养护检修的照明系统是否完好。

6 防抛网、声屏障是否完好。

7 结构监测系统仪器设备工作是否正常。

8 除湿设备工作是否正常。

本条规定了桥梁既有附属设施的检查要求。

条款1 养护检修设施检查内容包括:桥梁检修通道、平台、爬梯是否安全可靠;悬索桥主缆检修道、扶手绳和栏杆绳是否完好;主缆出入塔顶、锚室检修楼梯是否完好;索塔的检查门、工作电梯、爬梯等是否安全可靠,塔内照明是否完好等。

条款2 桥梁上设置的减振、阻尼、减隔震装置为专业厂家定制产品,定期检查只针对其使用状态和完整性进行表观检查,包括:斜拉索与吊杆(索)上的外置阻尼装置、抑振索是否完好,有无缺损、脱落、漏油;主梁(加劲梁)梁端或主梁(加劲梁)与索塔之间设置的阻尼器是否完好,有无锈蚀、缺损、漏油,工作状态是否正常;附加阻尼装置[调谐质量阻尼器

(TMD)等]、减隔震装置是否完好,工作状态是否正常等。

条款 3 桥梁防撞设施有主动防撞设施、结构性防船撞设施,或二者相结合。主动防撞设施一般包括助航设施、警示标志、安全监控预警设施等。结构性防船撞设施属于被动防撞设施,分为独立式、一体式和附着式防船撞设施,如防撞墩、沙岛、防撞套箱等,用来减小或避免船撞对桥梁的损伤。

3.5.13 河床及调治构造物的检查应包括下列内容:

1 桥位段河床有无明显冲淤或漂流物堵塞现象,有无冲刷及变迁状况。河底铺砌是否完好。

2 调治构造物是否完好,功能是否适用。

调治构造物是在桥位及其上、下游附近河段上修建的导引水流、改善桥位河段水流条件,使桥孔通畅地排水输沙、稳定桥位河段,防止桥位附近的河床和河岸产生不利变形的水工构造物。调治构造物的主要类型有导流堤、梨形堤、封闭式导流堤、丁坝、顺坝、挑水坝等。

条款 1 对有通航要求的桥梁,还需注意检查航道与通航孔之间的位置变化情况。

条款 2 对调治构造物应检查其能否正常发挥调治功能,重点查看调治构造物下部有无冲刷、淤积发生,坡脚有无局部破损等。

3.5.14 定期检查中发现的各种缺损应在现场将其范围、分布特征、程度及检测日期标记清楚。对3、4、5类桥梁及有严重缺损的构件,应作影像记录,并附病害状况说明。

本条内容为04版规范第3.3.13条的沿用。

3.5.15 定期检查后提交检查报告,应包括下列内容:

1 桥梁基本状况卡片(附录 A)、桥梁定期检查记录表(附录 C)、桥梁技术状况评定表。

2 典型缺损和病害的照片、文字说明及缺损分布图,缺损状况的描述应采用专业标准术语,说明缺损的部位、类型、性质、范围、数量和程度等。

3 三张总体照片。包括桥面正面照片一张,桥梁两侧立面照片各一张。

4 判断病害原因及影响范围,并与历次检查报告进行对比分析,说明病害发展情况。

5 桥梁的技术状况评定等级。

6 提出养护建议及下次检查时间。

本条规定了桥梁定期检查后提交的文件及要求。

定期检查后,根据桥梁技术状况提出养护工作建议,如提出特殊检查建议,需说明检查的项目及理由;进行大中修、加固或改建的计划,需说明维修目的、拟采用的维修方案和建议实施时间等。

3.5.16 对需限制交通或关闭的桥梁应及时报告并提出建议。

本条为新增条款,强调在定期检查过程中发现桥梁存在严重病害和安全隐患时应及时报告并提出建议。

3.6 特殊检查

3.6.1 下列情况应作特殊检查:

1 定期检查中难以判明构件损伤原因及程度的桥梁。

2 拟通过加固手段提高荷载等级的桥梁。

3 需要判明水中基础技术状况的桥梁。

4 遭受洪水、流冰、滑坡、地震、风灾、火灾、撞击,因超重车辆通过或其他异常情况影响造成损伤的桥梁。

本条规定了特殊检查的适用条件,在04版规范第3.4.2条的基础上修订。当定期检查中难以判明构件损伤原因及程度时,应提出开展特殊检查的建议,因此本条删除了"桥梁技术状况为四、五类者"和"条件许可时,特殊重要的桥梁在正常使用期间可周期性进行荷载试验"的条款。结合调研成果,增加了水下检查的要求。

条款3 近年来,由水下基础缺陷造成的桥梁事故频繁出现。本次修订时,对水下检测进行了相关调研,基本现状是:多数桥梁运营期间未做过水下基础检查;水下基础存在冲刷、倾斜、下沉、桩基础径缩、开裂、钢筋锈蚀现象;重载交通及环境条件和施工阶段留下的隐患威胁桥梁安全;广东省、湖南省、浙江省等省份积极开展水下基础检查,并编制了相关地方标准以规范水下检查工作。鉴于水下检查对桥梁养护的重要性和迫切性,本次修订将水下检查纳入特殊检查的内容。

水下检查一般根据水文环境、地质环境、基础形式和桥梁表现出的病害特征来决定具体的检查项目、频率及内容。水下检查的频率通常为3～5年1次,若桥梁所处环境存在加快基础技术状况恶化的情况,如河床不稳定、冲刷加速、基础埋深浅、水质腐蚀强、所处河段有采砂等,则需要提高检查频率。

通常在下列情况开展水下检查:

(1)经常检查、定期检查中发现桥梁基础有异常,但由于水深不能进行详细检查时;

(2)水中基础处于腐蚀环境中;

(3)位于山区季节性河流中的桥梁,冲刷严重可能造成基础埋深不足时;

(4)经分析桥梁现有病害可能由于基础受损引起时;

(5)旧桥在进行改造方案设计前,需要了解水下基础状况时;

(6)桥梁墩台受到洪水、泥石流冲击或船只、大的漂浮物撞击受损后。

3.6.2 特殊检查应根据检测目的、病害情况和性质,采用仪器设备进行现场测试和其他辅助试验,针对桥梁现状进行检算分析,形成评定结论,提出建议措施。

本条内容为04版规范第3.4.3条的沿用,并要求在特殊检查形成评定结论后提出建议措施。

3.6.3 实施特殊检查前,应充分收集桥梁设计资料、竣工资料、材料试验报告、施工资料、历次检测报告及维修资料等,并现场复核。

本条强调了特殊检查前进行的资料准备工作。设计资料包含设计文件、计算所用的程序、方法及计算结果等。原始资料如有不全或存疑,需要根据实际情况现场测绘构造尺寸,测试构件材料组成及性能,勘察水文地质情况等。

3.6.4 特殊检查应包括下列一项或多项内容:

1 材料的物理、化学性能及其退化程度的测试鉴定;结构或构件开裂状态的检测及评定。

2 结构的强度、刚度和稳定性的检算、试验和鉴定。桥梁承载能力评定宜按现行《公路桥梁承载能力检测评定规程》(JTG/T J21)执行。

3 桥梁抵抗洪水、流冰、风、地震及其他灾害能力的检测鉴定。

4 桥梁遭受洪水、流冰、滑坡、地震、风灾、火灾、撞击,因超重车辆通过或其他因素造成损伤的检测鉴定。

5 水中墩台身、基础的缺损情况的检测评定。

6 定期检查中发现的较严重的开裂、变形等病害,应进行跟踪观测,预测其发展趋势。

本条规定了特殊检查的工作内容。

桥梁结构、构件缺损状况方法鉴定,根据鉴定要求和缺损的类型、位置,选择表观测量、无损检测和局部取样等有效、可靠的方法。需要取样测试时,试样在有代表性构件的次要部位获取。

桥梁抗灾能力评定一般采用现场检测与验算的方法,特别重要的桥梁通常进行模拟试验。

3.6.5 特殊检查后应提交检查报告。检查报告应包括下列内容:

1 桥梁基本状况信息。

2 特殊检查的总体情况概述。包括桥梁的基本情况、检测的组织、时间、背景、目的和工作过程等。

3 现场调查、检测与试验项目及方法的说明。

4 详细描述检测部位的损坏程度并分析原因。

5 桥梁结构特殊检查评定结果。

6 填写"桥梁特殊检查记录表"(附录E)。

7 提出结构部件和总体的维修、加固或改建的建议。

本条规定了特殊检查报告的主要内容。

3.7 结构监测

本节为新增内容,结合部"127号文"中明确提出的应加强桥梁结构健康监测的精神,对桥梁结构监测提出指导性的要求。

3.7.1 对需要开展结构健康监测的桥梁,应结合桥梁实际,遵循"技术先进、经济适用、精准预警"的原则,建立监测体系,并保证监测系统的实效性、可靠性和耐久性。

桥梁结构健康监测通过对桥梁结构状态和各类外部荷载作用下的响应情况进行监测,及时掌握桥梁的结构运行状况。监测的内容与范围应根据桥梁的技术状况合理确定。需要定期将监测结果与检查结果进行比对和分析,提出监测评估报告,不断完善评估体系。

3.7.2 桥梁结构监测系统的设计、安装、维护应符合相关技术标准、规范、规程的要求。

现行《公路桥梁结构安全监测系统技术规程》(JT/T 1037)及其他相关标准规范对桥梁结构监测系统的设计、安装、维护等提出了明确的要求,应根据桥梁结构形式、材料特点,采用相应的技术标准、规范或规程。

3.8 桥梁评定

本节在04版规范第3.5节的基础上修订。取消了原规范中桥梁技术状况等级评定内容;将一般评定修改为技术状况评定;在适应性评定中增加了耐久性评定的内容;对评定等级1~5类桥梁调整了养护对策的描述。

3.8.1 桥梁技术状况评定应依据桥梁初始检查、定期检查资料,通过对桥梁各部件技术状况的综合评定,确定桥梁的技术状况等级,提出养护措施。评定应按现行《公路桥梁技术状况评定标准》(JTG/T H21)执行。

现行《公路桥梁技术状况评定标准》(JTG/T H21)对桥梁技术状况的评定方法和评定标准作了详细的规定。为避免与其重复,本次修订取消了04版规范中一般评定的相关内容,本规范只对桥梁进行1~5类的等级划分和定义。

3.8.2 桥梁技术状况评定等级应分为1类、2类、3类、4类、5类。桥梁技术状况评定等级及状态描述见表3.8.2。

表3.8.2 桥梁技术状况评定等级及状态描述

技术状况等级	状态	技术状况描述
1类	完好、良好	1. 主要部件功能与材料均良好。 2. 次要部件功能良好,材料有少量(3%以内)轻度缺损。 3. 承载能力和桥面行车条件符合设计标准
2类	较好	1. 主要部件功能良好,材料有少量(3%以内)轻度缺损,结构受力裂缝宽度小于设计限值。 2. 次要部件有较多(10%以内)中等缺损。 3. 承载能力和桥面行车条件达到设计指标
3类	较差	1. 主要部件材料有较多(10%以内)中等缺损,结构受力裂缝宽度超过设计限值,或出现轻度功能性病害,发展缓慢,尚能维持正常使用功能。 2. 次要部件有大量(10%~20%)严重缺损,功能降低,进一步恶化将不利于主要部件和影响正常交通。 3. 承载能力比设计降低10%以内,桥面行车不舒适

续表 3.8.2

技术状况等级	状态	技术状况描述
4类	差	1. 主要部件材料有大量(10%~20%)严重缺损,结构受力裂缝宽度超过设计限值,锈蚀严重,或出现轻度功能性病害,且发展较快。结构变形小于或等于设计限值,功能明显降低。 2. 次要部件有20%以上的严重缺损,失去应有功能,严重影响正常交通。 3. 承载能力比设计降低10%~25%
5类	危险	1. 主要部件出现严重的功能性病害,且有继续扩张现象,关键部位的部分材料强度达到极限,出现部分钢丝或钢筋断裂、混凝土压碎或杆件失稳变形、破损现象,变形大于设计限值,结构的强度、刚度、稳定性和动力响应不能达到交通安全通行的要求。 2. 承载能力比设计降低25%以上

1~5类桥梁的状态和技术状况描述基本是对04版规范的沿用,其中将"重要部件"按现行《公路桥梁技术状况评定标准》(JTG/T H21)修改为"主要部件"。各种桥型的主要部件见现行《公路桥梁技术状况评定标准》(JTG/T H21)的相关条文。

结构受力裂缝是指结构因受力而产生的裂缝,此类裂缝的宽度和发展趋势是判定构件和结构技术状况的重要指标。桥梁设计时,在正常使用极限状态下有验算裂缝宽度的限值规定,当处于运营状态的桥梁出现超出设计限值的结构受力裂缝时,说明桥梁的技术状况已经不符合设计标准。因设计标准不同,裂缝限值有所不同,需根据设计标准的限值来评判裂缝宽度是否超限。当建成年代久远,无设计标准依据时,裂缝限值一般根据现行《公路桥梁承载能力检测评定规程》(JTG/T J21)的规定执行。

3.8.3 应根据桥梁技术状况评定结果,对各类桥梁按表3.8.3采取相应的养护对策。

表 3.8.3 桥梁技术状况等级与养护对策

技术状况等级	养 护 对 策
1 类	正常保养或预防养护
2 类	修复养护、预防养护
3 类	修复养护、加固或更换较大缺陷构件;必要时可进行交通管制
4 类	修复养护、加固或改造;及时进行交通管制,必要时封闭交通
5 类	及时封闭交通,改建或重建

为了与部"33 号文"相适应,本次修订对 1~5 类桥梁的养护对策进行了调整。

针对 1 类桥的养护对策,除正常保养外,增加了预防养护对策。部"33 号文"第十二条规定:"修复养护是指公路出现明显病害或部分丧失服务功能,为恢复技术状况而进行的功能性、结构性修复或定期更换,包括大修、中修、小修。"与该条保持一致,针对 2 类桥养护对策中的修复养护内容为小修,针对 3 类桥养护对策中的修复养护内容为中修,针对 4 类桥养护对策中的修复养护内容为大修。

3.8.4 为恢复、保持或提升公路服务功能,结合阶段性专项公路养护治理工作,可对桥梁实施专项养护,包括增设、加固改造、拆除重建、灾后恢复等。

本条为新增条款。为了与部"33 号文"相适应,对桥梁专项养护内容和目标作出了规定。

3.8.5 桥梁适应性评定可根据需要进行。评定工作可与定期检查、特殊检查结合进行,可采用下列方法:

1 承载能力评定,可采用分析检算或荷载试验方法。

2 通行能力评定,可将设计通行能力与实际交通量进行比较,也可和使用期预测交通量进行比较,评价桥梁能否满足现行或预期交通量的要求。

3 抗灾害能力评定,可采用现场测试与分析检算方法,重要桥梁可进行模拟试验。抗洪能力评定的具体要求见本规范第 5 章。

4 耐久性评定,可采用外观耐久状态评定与剩余耐久年限评定相结合的方法。

本条在 04 版规范第 3.5.3 条的基础上修订,将抗洪能力评定修改为抗灾害能力评定,并增加了耐久性评定的内容。

适应性评定工作的基础和依据是定期检查、特殊检查,是否需要进行适应性评定,根据检查结果和桥梁实际养护需求决定。

条款 1　承载能力评定可依据现行《公路桥梁承载能力检测评定规程》(JTG/T J21)和《公路桥梁荷载试验规程》(JTG/T J21-01)开展。

条款 2　通行能力评定可以经过技术经济比较后,按整条线路统一安排。

条款 3　抗灾害能力评定中重要桥梁的模拟试验,是常见灾害的环境模拟,如桥梁冲刷模型试验及地震、风振模型试验等。桥梁抗洪能力评定参见本规范第 5 章。桥梁抗震性能评价可依据现行《公路桥梁抗震性能评价细则》(JTG/T 2231-02)开展。桥梁抗撞性能评价可依据现行《公路桥梁抗撞设计规范》(JTG/T 3360-02)开展。

条款 4　耐久性主要是指公路桥梁对其安全性和适用性等性能的保持能力,这种能力保持主要体现在降低构件材质劣化速度、避免环境侵蚀、保护构造和防护措施等方面。结构构件的耐久性及其病害情况大致分为目视可发现和不能发现两大类。其中,目视可发现的外观耐久状态主要分为两种:一是耐久性病害导致的结构构件外观发生明显可视的变化,二是结构构件的有关初始缺陷或防护措施劣化在结构构件外观的表现。通过外观检查,根据其对耐久性的影响程度和外观劣化程度进行外观耐久状态评定。目视不能发现的是结构构件材质和环境侵蚀的潜在变化,反映了结构构件内在的劣化程度,需要通过检测分析才能得出正确的判断。另外,根据外观耐久状态的劣化发展情况可以进一步判断耐久性主要病害类型和劣化程度,并优化耐久性检测内容与方案。

适应性评定一般按整条线路统一安排,通过评定可以得到桥梁适应程度的百分比。

3.8.6 对适应性不满足要求的桥梁,应采取提高承载力、加宽、加长、基础防护等改造措施,情况严重时应对桥梁进行改建或重建。当整个路段有多个桥梁的适应性不能满足要求时,应结合路线改造进行方案比较和决策。

本条为04版规范第3.5.4条的沿用。改善桥梁适应性,一般是有针对性地对某些方面进行改造,如对结构补强提升承载能力、加宽桥面提高通行能力等。当整个路段有多座桥梁的适应性不能满足时,逐桥改造可能不是经济合理的,应考虑从整条线路甚至路网改造来进行比选。

4 桥梁养护与维修

本章将04版规范第4章"桥梁上部结构养护"和第5章"桥梁下部结构养护"的内容归纳合并为一章,同时将04版规范第6章"通道、跨线桥与高架桥养护"按桥型结构重新编排纳入第4章的相关节;将04版规范第10章"调治构造物养护"纳入第4章的4.12节;鉴于当前等级公路中已经没有漫水桥存在,删除了04版规范第9章"漫水桥、漫水路面养护"的内容。

将04版规范第4、5、6、10章共17节内容,按各桥型的上部结构、下部结构、附属设施的编排顺序修订为12节内容,条文共55条。修订的主要内容有:

(1)增加了对桥梁养护与维修的一般规定,提出了桥梁养护应达到的目标和要求;

(2)取消了04版规范中桥梁加固部分的内容;

(3)对钢结构、斜拉桥、悬索桥养护与维修的内容进行了补充细化;

(4)将预防养护的概念贯穿于各节,并补充了耐久性养护的相关内容。

4.1 一 般 规 定

4.1.1 桥梁养护工作应结合桥梁的养护检查等级开展,对桥梁检查中发现的病害应制订相应的养护维修方案并及时处治。

部"321号文"桥梁安全运行十项制度中第六项为桥梁分类处置制度,要求"应根据桥梁技术状况评定结果,分类采取不同的养护管理措施"。

部"33号文"中明确提出:"公路管理机构或公路经营管理单位应当

按照标准规范规定的检测指标和频率,定期组织对公路路基、路面、桥梁、隧道、附属设施等进行检测和评定。养护需求分析应当根据检测和评定数据,按照相关标准规范、国家或者本地区养护规划,科学设定养护目标,合理筛选需要实施的养护工程。"

部"127 号文"要求加强桥梁分级分类处置,"根据检查监测情况,及时采取预防性养护、维修加固、拆除重建等分级分类处置措施"。

本规范对桥梁检查等级进行分级,细化桥梁的养护要求,适应不同的养护需求,可指导桥梁各项检查工作的合理安排和养护资源的按需投入,起到科学配置养护资源的作用。

4.1.2 桥梁养护应符合下列要求:

1 桥梁外观整洁。

2 结构无损坏,无异常变形,稳定性良好。

3 桥面铺装坚实平整,纵、横坡适度,桥头平顺。

4 桥面系各构件、支座及附属设施等状态完好、功能正常、布置合理。

5 基础无冲蚀。

本条规定了桥梁养护应达到的总体目标。桥梁养护中需要重视结构的变形、变位观察,如发现存在安全隐患,应及时向上级主管部门报告。

4.1.3 检查评定发现桥梁承载能力、刚度或稳定性不足时,应按相关技术标准、规范、规程要求进行维修加固。

桥梁承载能力、刚度、稳定性满足安全通行要求,是保证桥梁运营安全的基本要素。当三者中任一项不满足时,需要进行维修加固使其满足要求。可根据现行《公路桥梁加固设计规范》(JTG/T J22)、《公路桥梁加固施工技术规范》(JTG/T J23)及相关标准开展维修加固工作。

4.1.4 桥梁应设置用于观测、检查和维修的通道或设施。

设置检修通道或设施实现桥梁构件可抵近、可到达,是实现桥梁检查、养护与维修的基本保证。《公路桥涵通用设计规范》(JTG D60—2015)第3.1.8条明确规定"公路桥涵应考虑养护需要,按照可到达、可检查、可维修和可更换的要求进行设计",从设计角度提出了"可到达、可检修"的要求。本规范对设置检修通道或设施从养护管理角度予以明确。对未设置检修通道或检修通道设置不完善的桥梁,应在养护工作中予以增设或完善。

4.1.5 钢筋保护层无法满足规范要求或桥梁处于腐蚀环境时,宜增设防腐措施确保其耐久性。

本条是基于保证桥梁结构耐久性而提出的预防养护措施。钢筋保护层厚度不足或在腐蚀环境中,大气区的碳化环境导致混凝土pH值降低,从而诱使混凝土中钢筋锈蚀,而腐蚀环境中高浓度氯离子、盐雾等扩散至混凝土内部达到一定值后也会导致钢筋锈蚀。钢筋发生锈蚀后,具有膨胀性的锈蚀产物将在混凝土内部产生应力,导致混凝土保护层开裂,影响结构的耐久性和使用寿命。

防腐措施包括表面涂层、钢筋混凝土阴极保护、电化学除盐技术等。其中表面涂层技术是提升钢筋混凝土结构防腐蚀性能简便有效的方法。常用的混凝土涂料包括环氧涂料、聚氨酯涂料、聚脲弹性体涂料、丙烯酸乳胶漆、氟树脂涂料等。

4.1.6 养护维修工程改变桥梁气动外形、结构体系、连接方式或应用新材料、新工艺、新技术时,应对养护设计和施工方案进行论证、审查和安全评估。

原则上养护维修工程不宜改变原结构的气动外形、结构体系和连接方式等,如确需改变结构相关特性,应充分考虑对原结构的不利影响。对可能出现的不利因素需要充分分析论证,提出切实可行的预防性处理措施,应确保原结构的安全,杜绝事故发生。

4.1.7 桥梁增加其他用途,应经过专业机构评估并取得桥梁主管部门的许可。

桥梁增加其他用途,可能改变结构恒载或对桥梁产生不利影响,需经过专业机构评估后,取得桥梁主管部门许可。部"35号文"中要求"禁止利用长大桥隧堆放物品、搭建设施以及铺设高压电线和输送易燃、易爆或者其他有毒有害气体、液体的管道。其他确需利用长大桥隧铺设管线设施的,不得对长大桥隧安全产生影响,并报经交通运输主管部门同意,与长大桥隧经营管理单位签订铺设协议""管线设施依附在长大桥隧上(内)的,其产权单位应当定期进行检查和维修,避免因设施故障引发安全事故或影响交通。长大桥隧改建、扩建、维修时,管线产权单位应当履行铺设协议的规定。"

4.1.8 桥梁养护作业中,为满足维修加固项目的工艺、材料要求,必要时应实施交通管制。

为减少通行影响,确保养护维修、加固实施的安全和质量,在施工的关键环节,如增大截面、胶体固化、张拉体外预应力钢束等,通常根据工艺、材料要求,实施必要的交通管制。

4.1.9 桥梁养护工程作业,必须按现行《公路养护安全作业规程》(JTG H30)的要求实施。

桥梁养护工程作业必须按现行《公路养护安全作业规程》(JTG H30)的要求布置桥梁养护作业控制区,进行安全设施布设和安全作业管理,保障养护作业人员、设备和车辆运行的安全。

4.2 桥面系养护与维修

4.2.1 桥面铺装及防水层养护与维修应符合下列规定:

1 桥面应经常清扫,排除积水,清除泥土、杂物、积雪和冰凌等,保持桥面平整、清洁。

2 沥青混凝土桥面出现泛油、拥包、裂缝、波浪、坑槽、车辙等病害时,应及时处治。根据损坏程度,局部修补或整跨铣刨重新铺设铺装层,并应满足现行《公路沥青路面养护技术规范》(JTG 5142)的相关技术要求。

3 水泥混凝土桥面出现断缝、拱胀、错台、起皮、露骨等病害时,应及时处理。根据损坏程度,将原铺装整块或整跨凿除,重铺新的铺装层,并应满足现行《公路水泥混凝土路面养护技术规范》(JTJ 073.1)的相关技术要求。局部修补时严禁使用普通配比混凝土替代防水混凝土。

4 桥面铺装养护维修及改造,拟改造的桥面铺装厚度大于原桥铺装层厚度时,应经过技术论证或检算。沥青混凝土微表处或罩面养护时,不得覆盖伸缩装置。

5 桥面防水层损坏,应及时修复。

桥面铺装层直接承受车辆轮载冲击、磨耗和剪切作用,同时承受上部承重结构变形和环境因素作用。桥面铺装可以分散车轮的集中荷载,也能防止桥面的流水侵入梁体结构层中。桥面铺装应具有良好的使用性能,要有一定的强度、平整度和良好的整体性,并有抗裂、抗剪切和耐磨性能,以保证车辆行驶的舒适性、安全性和结构的耐久性。桥面铺装层与一般路面的受力状态不同,在桥跨的不同位置,荷载作用下的变形差异较大,维修时应予以重视。

条款1 经调研,冬季结冰区的桥面系的耐久性损伤,主要受冻融循环破坏和除冰盐氯化作用共同影响,其中氯化作用是损伤的主要原因,推荐采取人工、机械等综合除冰措施。

条款2 桥面铺装病害处治前,先分析原因:如因长期含水浸泡造成的脱落、拥包,通常在有效改善排水设施后,再进行面层修补;如因装配式梁板横向联系损坏、单梁(板)受力造成,一般先增强横向联系,改善结构支撑等,再进行修补。对钢桥面板沥青混凝土铺装,需要沥青混凝土铺装层具有较高的强度和耐久性、较好的耐磨性及抗滑性、优良的高温稳定性和低温抗裂性以及防水防渗透能力,其构造及材料组成需根据桥型结构特征进行专题论证。

条款3 水泥混凝土桥面铺装维修的重点在于保证新旧混凝土结合良好。浇筑新混凝土前先清洁作业面,结合面做成凹凸不小于6mm的粗糙面,且一般不采用水灰比大的泵送混凝土。当水泥混凝土桥面铺装设计为参与上部结构受力时,不宜将水泥混凝土铺装改造为沥青混凝土铺装。防水混凝土桥面铺装层抗渗等级一般高于P6,且不低于原设计指标要求。在使用除雪剂的北方地区和酸雨多发地区,防水混凝土的抗渗系数一般不小于0.8。

条款4 拟改造的桥面铺装厚度大于原桥铺装层厚度时,恒载增加,对上、下部结构均会产生不利影响;另外会引起桥头与引道的高差,需调坡处理。因此,需进行技术论证或检算评估。

条款5 保持桥面防水层具有良好的使用性能,是保证桥梁结构耐久性的措施之一。当桥面铺装破损时,结构层表面的防水层往往也发生损坏,导致流水渗入结构层,表现为梁体渗水或箱内积水等。不论是混凝土结构还是钢结构,水的侵蚀破坏都会影响结构的耐久性和使用寿命,严重的还会导致结构性病害。维修桥面铺装前,应对结构层表面进行清理,通过涂刷防水涂层等方式修复防水层。防水层和防水材料需要具有高效的密水性能、良好的黏结性能等技术性能,且温度敏感性差,抵抗桥面变形能力强。

4.2.2 排水系统应满足排水需要,保持完好和畅通,有损坏时应及时维修或更换,有堵塞时应及时疏通。

泄水管首要功能是保证雨水、污水及时排出,同时避免排水侵蚀桥梁结构。如排水污染、侵蚀桥梁结构,一般调整泄水孔位置或适当接长泄水管。如施工不当造成排水管进水口高于桥面铺装形成积水,应将管口高出部分凿除并修整桥面,保证排水顺畅。

水环境敏感路段的桥梁排水系统养护需注意避免由于排水不当导致水体的污染。

寒冷地区竖向集水管管口一般距离地面50cm以上。

4.2.3 人行道、栏杆、护栏养护与维修应符合下列规定：

1 人行道、栏杆、护栏各构件等应牢固并保持完好状态，有损坏时应及时维修或更换。

2 伸缩装置处的栏杆或护栏应满足结构的变形需要。

3 钢护栏及钢筋混凝土护栏上的外露钢构件应根据环境条件定期涂装。

4 桥梁两端的栏杆柱或防撞墙端面，涂有立面标记或警示标志的，应保持标记、标志鲜明。

人行道直接承受人群荷载，栏杆和护栏是保护车辆和行人的安全设施，应保证其牢固可靠，确保其能发挥正常的使用功能。

护栏涂装的涂料性能应符合设计要求，表面涂层应均匀，不漏刷、不流淌。重新涂装的周期可结合桥址区域气候特点、涂料褪色程度、涂料性能确定，一般每隔1~2年重新涂刷一次。在交通量大时或腐蚀环境下，涂刷周期应相应缩短。

4.2.4 桥梁照明养护与维修应符合下列规定：

1 桥上灯柱等设备应保持完好，照明设备锚固支撑应牢固可靠，有缺损时应及时维修。

2 灯具或供电系统老化、损坏应及时更换或维修。

3 应确保照明设施电线不外露，接线盒处于良好工作状态。

4 增设照明设施宜置于桥梁内侧，不得影响桥梁养护维修及行车安全。

灯柱、灯具等照明设施属于桥梁的易损构件，需储备适量的配件，便于及时养护更换。

为便于养护检修时桥梁检测车的逐跨连续作业，增设照明设施时，对有中央分隔带的公路桥梁，一般将灯柱置于中央分隔带；对分离式路基桥梁，宜将灯柱置于行车方向左侧。

4.2.5 伸缩装置养护与维修应符合下列规定：

1 伸缩装置的养护，应满足下列规定：

1) 伸缩装置应平整、直顺、无漏水，处于良好的工作状态。

2) 应经常清除伸缩装置的缝内积土、垃圾等杂物，使其发挥正常作用。

3) 伸缩装置的密封橡胶带(止水带)损坏后，应及时更换。密封橡胶带的选择，应满足其规格和性能要求。

4) 钢板(梳齿型)伸缩装置的钢板开焊时，应及时补焊；螺栓松动、脱落时，应及时维修。

2 伸缩装置出现下列病害时，应及时进行更换：

1) U形锌铁皮伸缩装置的锌铁皮老化、开裂、断裂。

2) 钢板伸缩装置的钢板变形、翘曲、脱落。

3) 橡胶条伸缩装置的橡胶条老化、脱落，固定角钢变形、松动。

4) 板式橡胶伸缩装置的橡胶板老化、开裂，预埋螺栓松脱，伸缩失效。

5) 伸缩装置的弹性元件或其他连接构件疲劳或失效，影响伸缩装置正常使用。

3 更换伸缩装置时宜选择技术先进合理的伸缩装置，伸缩量应满足桥跨结构变形需要，安装应牢固、平整、不漏水。

4 伸缩装置锚固区混凝土应完好，有开裂、松散时应及时修复。

5 维修或更换伸缩装置时，应实施交通管制。在锚固区混凝土强度未达到设计要求时，不得开放交通。

伸缩装置的主要功能是适应由温度变化、混凝土收缩徐变、荷载等作用引起的梁端位移，以保证车辆行驶的舒适性和安全性。伸缩装置的破坏有多种原因，维修或更换前应仔细查明病害成因，如因结构病害或设计伸缩量有误等造成破坏，则应先解决结构问题，否则盲目维修更换后，很快又会破损。

条款 1 伸缩装置除应满足适应梁端位移和承受车轮荷载作用外，还应当具有良好的平整度和止水功能，车辆通过时不产生过大的噪声和振动。

锚固件是伸缩装置的易损构件，检查中发现缺损需要及时修复。

条款 2 早期使用的 U 形锌铁皮伸缩装置、钢板伸缩装置、橡胶条伸缩装置、板式橡胶伸缩装置等，由于构造和安装的缺陷，使用效果欠佳或出现损坏、漏水、失效时，应予以更换。

条款 3 更换伸缩装置需注意预留埋置槽的空间是否合适，减小对主梁端头的干扰。更换伸缩装置时，根据桥址的气温条件选择合适的安装温度，并计算接缝的闭口量和开口量，结合桥梁实际情况确定伸缩装置的类型和型号；更换伸缩装置一般在春秋两季进行；伸缩装置的安装宽度根据施工时的温度计算确定，安装放线时间选择在一天中温差变化最小的时间段内。伸缩装置更换时先凿除原锚固区混凝土，并加强锚固钢筋的设置。锚固区混凝土强度等级需要符合设计要求，当设计无要求时，一般不低于 C40。

条款 4 锚固区混凝土开裂、松散，会降低伸缩装置锚固件的锚固效率，锚固一旦破坏，伸缩装置锚固件会松动甚至断裂，影响交通安全。同时锚固区混凝土开裂出现坑槽也会影响行车舒适性，需及时修复。

条款 5 实施交通管制可以保证锚固区混凝土的密实度和浇筑质量。

4.2.6 桥头搭板脱空、断裂或枕梁下沉引起桥路连接不顺适，影响行车安全时，应进行维修处理。

桥头搭板损坏及桥头引道出现不均匀沉降，其养护维修需从桥梁与道路路基两个方面着手。桥头搭板的病害主要是桥头填土沉降造成搭板脱空、断裂或枕梁下沉。搭板损害严重时需要挖开处理路基，重新浇筑搭板。桥头跳车处路面、路基的处理，参照现行《公路沥青路面养护技术规范》(JTG 5142)的有关规定执行。

4.2.7 标志、标线和交通安全设施养护与维修应符合下列规定：

1 桥梁交通标志、标线和安全设施应齐全、醒目、牢固，标志板应整洁、完好，有损坏时应及时维修更换。

2 交通标线应经常保持完好、清晰，宜定期重涂。

3 桥梁的防眩板应保持齐全、牢固，有损坏时应及时维修更换。

4 桥梁的防护隔离设施应完整、牢固，有损坏时应及时维修。

标志、标线和交通安全设施是桥面系的重要组成部分，对提升公路服务性能、保障行车安全和交通畅通具有重要意义。对标志、标线和交通安全设施的养护应及时，使其处于良好的技术状态。

4.2.8 利用桥梁架设管线、广告牌等设施，应通过相应的技术论证，并报经交通运输主管部门同意，不得影响桥梁正常养护。

利用桥梁架设管线、广告牌等设施会增加桥梁的荷载，同时可能形成一些安全隐患，需通过技术论证，同时经过交通运输主管部门同意。根据部"35号文"的规定，需利用桥梁铺设管线设施的，不得对桥梁安全产生影响，桥梁经营管理单位应与管线设施的产权单位签订铺设协议，由产权单位对其架设的管线设施定期进行检查和维修，避免因设施故障引发安全事故或影响交通。桥梁改建、扩建、维修时，管线产权单位应当履行铺设协议的规定，不得影响桥梁正常养护。

4.3 梁桥上部结构的养护与维修

4.3.1 钢筋混凝土梁桥上部结构养护与维修应符合下列规定：

1 应保持结构完好、无缺损。

2 梁(板)开裂时，应视裂缝性质和影响程度，及时采取相应处治措施。

3 梁(板)存在表观缺陷时，应予维修。

4 箱梁或空心板内应保持干燥、无积水。

5 箱梁内应保持通风良好。

6 梁体受水侵蚀时,应采取必要的截水措施。

7 装配式组合梁(板)桥,纵、横向联系出现开裂、开焊、破损等病害时,应及时修复。

8 主梁持续下挠或挠度超过设计规定的允许值时,应进行特殊检查评估并及时加固处治。

9 混凝土梁发生纵、横向异常变位,支点位置发生异常角变位或过大沉降时,应及时处治。

10 混凝土梁受到车辆或船舶等撞击后,应根据检测评估结果及时处治。

本条在04版规范基础上对钢筋混凝土梁桥的主要养护与维修内容进行了增补,并提出具体工作要求。

条款1 本款为钢筋混凝土梁桥的养护目标。对钢筋混凝土梁桥的日常养护包括:清除表面污垢;修补混凝土表观缺陷和非结构裂缝;对外露钢筋进行除锈,修复保护层;对纵、横向联系出现的开裂、破损、脱焊等进行处理等。对渗水、洪水等自然原因造成的梁体污垢,应用清水或中性剂清洗,不宜用化学洗剂清洗。

条款2 钢筋混凝土结构的裂缝一般分为结构裂缝和非结构裂缝。结构裂缝是由荷载引起的,通常包括弯拉裂缝、主拉应力裂缝、剪切裂缝、压屈裂缝等。结构裂缝对混凝土梁桥的使用性能存在不利影响:开裂使桥梁刚度降低,变形增大,影响桥梁的正常使用;严重的开裂问题导致桥梁承载能力下降,影响桥梁的安全使用,开裂会加速混凝土劣化和钢筋锈蚀,钢筋锈蚀又促进裂缝的进一步扩展,使桥梁的使用性能趋于恶化,耐久性下降,缩短桥梁的使用寿命。结构裂缝是结构本身受力情况的直接反映,正常情况下,钢筋混凝土梁是允许带裂缝工作的,但当裂缝宽度或分布范围超过一定限值时,会使结构的承载能力及刚度降低,直接影响结构安全,同时对结构的耐久性等造成不利影响,需要根据裂缝宽度和环境类别及时采取处治措施。非结构裂缝是因混凝土收缩、碳化、碱集料反应等因素而产生的,因其对结构耐久性存在不利影响,当裂缝宽度超过一定限值时,也需要适时处治。

《公路钢筋混凝土及预应力混凝土桥涵设计规范》(JTG 3362—2018)规定:钢筋混凝土构件及采用预应力螺纹钢筋的 B 类预应力混凝土构件,在作用频遇组合并考虑长期效应的影响下构件的垂直裂缝,其最大裂缝宽度限值,在Ⅰ类一般环境、Ⅱ类冻融环境、Ⅶ类磨蚀环境下为 0.20mm;在Ⅲ类近海或海洋氯化物环境、Ⅳ类除冰盐等其他氯化物环境、Ⅵ化学腐蚀环境下为 0.15mm;在Ⅴ类盐结晶环境下为 0.10mm。对采用钢丝或钢绞线的 B 类预应力混凝土构件,除在Ⅴ类盐结晶环境下禁止使用外,其他环境条件下,最大裂缝宽度限值为 0.1mm。

混凝土结构产生裂缝的原因是多方面的,其裂缝的形式也表现多样,裂缝成因分析是对裂缝危害性评定、维修处治的依据。若对裂缝不经分析研究就盲目进行处治,不仅达不到预想的处治效果,还可能潜藏突发性事故的风险。因此,对结构裂缝需分析成因后采取相应的加固处治措施,对非结构裂缝需根据裂缝宽度进行封闭或灌浆处治,必要时可配合粘贴法封闭裂缝。

条款3 钢筋混凝土梁桥常见的表观缺陷包括蜂窝、麻面、空洞、露筋、剥落、风化及防腐涂层起皮、剥落等,此类病害对结构的美观及耐久性存在一定影响,要视其影响程度和范围适时进行维修处治。对蜂窝、空洞等混凝土表观缺陷一般先将松散部分清除,再根据情况用聚合物混凝土或水泥砂浆填补。对露筋或保护层剥落等情况,应先将松动的保护层凿除,清除钢筋锈迹,根据病害面积和程度采用环氧砂浆、专用修补砂浆或喷射高强度水泥砂浆进行修补。

条款4 多雨(雪)地区,箱梁(板)内积水、渗水,混凝土钙化物析出的现象较为普遍。由于桥面铺装开裂、防水层失效、顶板开裂、梁端封堵不严等原因,水从桥面进入箱梁或空心板腔内,形成积水。腔内积水会增加结构自重,降低结构安全储备,同时对结构耐久性造成不利影响。养护维修时,除查明渗漏水原因、解决源头问题外,在梁底适当地增设排水孔可以排出积水。排水孔一般设置在纵坡低的一侧梁底,并避开受力主筋。

条款5 混凝土箱梁的箱室内、外温度差会产生温差作用效应,温差效应过大会对结构产生不利影响,严重时会引起梁体开裂,合理设置通气孔可以有效减弱温差效应。

条款6 早期修建的T梁、箱梁桥,其翼缘板底面未设置截水板或滴水槽,雨水顺着护栏外侧流至翼缘板下缘和腹板上,对结构的耐久性及美观造成不利影响,需要采取截水措施。

条款7 装配式组合梁(板)桥,纵向联系包括湿接缝、铰缝等,横向联系为横隔板、横隔梁等。纵、横向连接构件缺损或失效会降低结构整体性,甚至导致装配式梁(板)的单梁(板)受力。根据连接件的材质和构造,钢构件可采取更换、补焊、绑焊等措施,混凝土结构可采用粘贴法、增大截面法等进行补强。

条款8 混凝土梁桥跨中下挠过大与设计、施工、材料、环境、荷载等多方面因素有关,影响桥梁正常使用和结构安全时,需进行特殊检查、检算和评估,找准下挠主要原因,制订合理可行的处治措施并及时实施。

条款9 梁体发生异常变位时,往往伴随受力状态的改变,影响使用功能和结构安全。发生异常变位多与桥梁约束条件变化、周边环境变化及外荷载影响相关,应进行特殊检查评估,查明原因,制订合理可行的处治措施并及时实施。

条款10 混凝土梁受到车辆或船舶等撞击后,应立即采取交通管制措施并开展特殊检查,评估桥梁损伤状况,必要时制订维修或加固方案并尽快实施。

4.3.2 预应力混凝土梁桥养护与维修除应满足本规范第4.3.1条的要求外,尚应符合下列规定:

1 预应力体系各组成部分应保持完好、有效。

2 全预应力及部分预应力 A 类构件出现结构性裂缝时,应及时维修加固。

3 预应力混凝土锚固区存在破损、开裂、剥落、封锚不严、锚具暴露等缺陷时,应及时维修加固。

4 发现预应力钢束存在严重锈蚀等缺陷时,应及时处治。

5 体外预应力钢束存在表面防护严重破损、锈蚀、断丝,夹片破损、失效时,应及时维修或更换;锚固块、转向块与梁体结合区域出现超限的结构裂缝时,应及时加固处治。

6 预制节段拼装的预应力混凝土梁桥,拼接缝部位出现接触不紧密、拼接材料老化等病害时,应及时维修加固。

本条在 04 版规范基础上对预应力混凝土梁桥的主要养护与维修内容进行了增补,并提出具体工作要求。

条款 1 除增加了对预应力体系构造的养护要求外,预应力混凝土梁桥的养护维修与钢筋混凝土梁桥基本相同。

条款 2 裂缝对预应力混凝土梁桥危害较大,因预应力钢筋处于高应力工作状态,当其暴露于大气环境中时,在一定的温度、湿度及有害介质作用下,极易在预应力筋表面发生电化学反应,在一定环境条件下可能发生应力腐蚀,在氢离子的参与下发生氢脆现象,导致预应力筋发生脆断,造成混凝土结构突然破坏,且破坏前无征兆,危害极大。全预应力或部分预应力混凝土 A 类构件不允许出现垂直于梁体受力主筋方向的裂缝(多表现为受拉区顶、底板的横向裂缝及腹板斜裂缝)。此类裂缝产生,表明梁体可能存在应力超限或承载能力不足,影响结构安全,需要及时采取加固处治措施。针对预应力混凝土梁的加固处治可参照现行《混凝土结构加固设计规范》(GB 50367)和《公路桥梁加固设计规范》(JTG/T J22)等执行。

条款 3 后张预应力混凝土的锚固区受到预应力锚固集中力作用,

受力复杂,容易导致锚固区混凝土开裂,影响结构预应力效率。当出现明显的受力裂缝时,应作专项的特殊检查和评估,查明原因并采取相应的处治措施。封锚不严,锚具暴露等会引发预应力束(筋)的锈蚀。针对上述情况,应及时采用修补材料(如聚合物砂浆)或其他方法对锚固区混凝土进行修复补强。

条款 4 预应力体系的完好、有效是预应力结构发挥正常使用功能的安全保障。受施工工艺等因素影响,预应力管道压浆不密实、钢束锈蚀的病害较为常见,此类病害具有一定的隐蔽性,需经过特殊检查判定,如发现预应力钢束锈蚀,需要及时处治。对管道压浆不密实的区域可采用补压浆的方法;对预应力锈蚀严重的情况,需经特殊检查和评估后,采取加固处治措施。

条款 5 体外预应力钢束通过转向块和锚固块向混凝土梁体施加预应力,除了索体本身,转向块和锚固块对系统的安全也起着关键作用,在养护中需要重视。当锚固块、转向块与梁体结合区域出现超限的结构裂缝时,应作专项的特殊检查和评估,查明原因,然后采取相应的处治措施。

条款 6 对于预制节段拼装的预应力混凝土梁桥,随着体外预应力防腐技术及体外预应力设计理论的发展,利用无黏结体外预应力技术建设的预制节段拼装的混凝土桥梁将越来越多。此类桥梁由于采用工厂化预制,预制主梁通常质量较好,不易产生各类病害,各节段间的接缝是整个结构的薄弱环节,需要重点关注。拼接缝部位出现接触不紧密、拼接材料老化等病害时,应查明原因并采取相应的处治措施。

4.4 拱桥上部结构的养护与维修

4.4.1 圬工拱桥养护与维修应符合下列规定:

1 圬工结构应保持表面整洁、完整,无杂草。

2 圬工结构出现空洞、孔洞或砌块断裂、压碎、松动、脱落等病害时,应及时维修或加固。

3 砌筑砂浆脱落、不饱满导致主拱圈整体性差时,应及时修复。

4 圬工结构发生异常变形或出现结构裂缝时,应进行特殊检查评估并及时处治。

圬工拱桥由砖石材料或混凝土预制块件砌筑而成,普遍为有推力无铰拱结构,其常见病害发生在主拱圈、前墙、侧墙及桥台等部位,具体病害包括砌缝损坏、开裂、渗水、桥面沉陷、基础不均沉降、位移及生物侵蚀等。圬工拱桥的维修工作主要是修理拱圈和拱上结构砌体的局部损伤区域,以恢复结构的整体作用。

条款1 拱上填料压实度不足、填料厚度不均、雨水下渗等因素,易造成桥面铺装层的破坏,养护时应先处治拱上填料,可采取换填方式,再维修桥面铺装。为防止渗漏,应修复或补设防水层。附着在圬工拱桥上的植物根系会侵蚀砌缝砂浆,导致砌缝脱落,日常养护时应及时清除。

条款2 圬工砌体表面缺损需要及时采取针对性措施进行养护处治。圬工砌体的边角压碎、砌块断裂,干砌石拱桥砌缝张口等,一般用水泥砂浆修补。若个别块体压碎或脱落,需用新的块体填塞更换,更换时保证嵌挤或填塞紧密,新的块体强度不应低于原材料强度。

条款3 圬工拱桥拱圈附着的植物根系、水、软体动物分泌物等使砌缝砂浆材料溶解流失而形成冲蚀,造成局部剥落。冲蚀严重时,会削弱砌块之间的连接,导致砌块脱落,影响主拱圈整体性。砌缝砂浆若发生剥落,通常在凿除后重新用干硬性砂浆或微膨胀砂浆填筑,表面重新勾缝。如砌块有风化剥落,应先清理风化表面,再喷刷防护砂浆,必要时,可加铺一层钢丝网,以增加喷涂层的强度。

条款4 圬工拱桥在超出其设计荷载作用下主拱圈可能发生屈曲失稳,屈曲时主拱圈线形会发生明显的异常变形。另外,拱脚的水平位移也会导致拱顶下沉、拱轴线变形。拱桥产生拱脚水平位移的主要原因为桥座抗水平推力不足和稳定性差,在软土地基上较常见。

圬工拱桥结构裂缝主要表现为拱顶区段下缘的横向开裂,特点是沿砌缝开裂,贯通拱桥底面全宽。如果横向裂缝发展到一定深度,截面的承压面积大幅减小,相当于形成铰,改变原结构体系,结构内力发生变化,稳定性降低。如果出现多条横向裂缝,形成三铰以上,易导致结构失稳破坏。除拱顶裂缝,横向开裂也常见于拱脚区域的上缘。圬工拱桥结构裂缝还表现为纵向裂缝,主要有因墩台基础不均匀沉降及车致振动作用产生的由下部结构向上发展至拱圈的纵向裂缝,以及因截面刚度不均匀、变形不均匀,在荷载作用下,在对应侧墙区域的拱圈从拱顶发展至拱脚的纵向裂缝。纵向裂缝会破坏圬工拱桥结构的整体性,削弱拱圈横向受力性能,开裂严重时,在偏载和横向力作用下,拱圈外侧会失稳坍塌。

当圬工结构发生异常变形或出现结构裂缝时,应根据病害程度,必要时实施交通管制并及时开展特殊检查和评估,根据评估结果及时采取相应的处治措施。裂缝限值可按《公路桥梁承载能力检测评定规程》(JTG/T J21—2011)中表7.3.4的规定执行。针对拱桥的加固处治可参照现行《公路桥梁加固设计规范》(JTG/T J22)执行。

4.4.2 混凝土拱桥养护与维修应符合下列规定:

1 拱圈应保持结构完好、无缺损。存在表观缺陷时,应予维修。

2 箱形拱拱圈应保持通气孔、排(进)水孔畅通。

3 主拱圈开裂,应视裂缝性质和影响程度,及时采取相应处治措施。

4 肋拱、双曲拱、桁架拱、刚架拱的肋间横向联系出现开裂、破损病害时,应及时修复。

5 双曲拱桥拱波的纵向开裂、渗水等缺陷应及时修复。

6 桁架拱、刚架拱、系杆拱因节点强度不足引起节点及杆件端部开裂时,应及时加固处治。

7 预制拼装拱桥的铰缝、横向接缝存在开裂、破损等缺陷时,应予修复。

8 主拱圈变形异常或拱顶下挠严重时,应进行特殊检查评估并及时加固处治。

9　中、下承式拱桥吊杆(索)的养护与维修应按本规范第4.7节吊索相关内容执行。

10　系杆拱桥的混凝土系杆出现裂缝时,应及时维修处治。系杆的锚固区存在破损、开裂、剥落、封锚不严、锚具暴露等缺陷时,应及时维修加固。

常见的混凝土拱桥有主拱采用实体矩形截面的板拱桥;用两条或多条平行拱肋作主拱圈,拱肋间设横隔梁的肋式拱桥;主拱采用箱形截面的箱形拱桥;主拱截面由拱肋、拱波、拱板、横向联结系构成的双曲拱桥;上部结构由刚架拱片(包括主梁、主拱脚、次梁、次拱腿)、横向联结系、桥面板组成的刚架拱桥;上部结构由桁架拱片(包括上、下弦杆、腹杆、实腹段)、横向联结系、桥面板组成的桁架拱桥;上部结构由拱肋、系杆或立柱、行车道梁、横向联结系、桥面板组成的系杆拱桥,根据系杆与拱惯性矩之比,可分为柔性系杆刚性拱、刚性系杆柔性拱、刚性系杆刚性拱。

条款1　混凝土拱桥的病害以混凝土表观病害和开裂为主,混凝土表观病害的养护与钢筋混凝土梁桥基本相同。日常养护时应注意及时清理拱背堆积物,避免积水和植物生长。

条款2　混凝土箱梁的箱室内、外温度差会产生温差作用效应,温差效应过大会对结构产生不利影响,合理设置通气孔可以有效减弱温差效应。

条款3　主拱圈出现的裂缝可归为两类:一类是恒载、活载或结构位移引起的结构受力裂缝,另一类是由于混凝土干缩引起的塑性裂缝等非结构裂缝。非结构裂缝主要特征是宽度较小、长度短,不会对结构的安全造成显著影响,但会影响结构耐久性。

主拱圈的结构裂缝表现为拱顶下缘(正弯矩区)的横(径)向开裂和无铰拱拱脚上缘(负弯矩区)的横(径)向开裂,一般为主拱圈截面抗弯承载能力不足所致,也可能为墩台沿桥梁纵向发生了位移或转动;两拱脚墩台不均匀沉降一般会造成在拱顶区段横向贯穿全拱圈的裂缝,且两侧有错动；主拱圈横向不均匀变形或墩台发生不均匀沉降，会导致主拱圈结构纵向开裂；对出现结构裂缝的拱桥，需根据裂缝形态结合检算分析查明原因后进行加固处治。

双曲拱桥多建成于20世纪六七十年代，受吊装能力限制，采用小构件预制拼装，其施工采用"化整为零、集零为整"的方式，造成截面构造复杂，杆件单薄，接头多，整体性较差。设计计算时，多数采用简化"内力叠加法"计算，这种假定理论依据不足，算值偏于不安全。经过多年使用，部分双曲拱桥的拱圈出现了较严重的开裂等病害，需根据裂缝形态和结构检算查明原因后，采取相应的处治措施。

条款4 横向联系出现开裂会降低结构整体性。根据连接件的材质和构造，钢构件可采取更换、补焊、绑焊等措施，混凝土结构可采用粘贴法、增大截面法等进行补强。

条款5 双曲拱桥的拱波一般由混凝土预制，常做成圆弧形。拱波不仅是参与拱圈共同受力的组成构件，也是浇筑拱板混凝土的模板。对于早期的填平式拱板，拱波顶为薄弱截面，在混凝土收缩作用下容易被拉裂。拱波纵向开裂对双曲拱桥整体承载能力影响不大，但影响结构耐久性，需及时对裂缝采取灌浆封闭等处治措施。

条款6 节点受力复杂，而节点开裂会导致结构承载能力和耐久性能急剧下降，应及时进行加固处治。对开裂严重的节点，一般采用钢筋混凝土对节点进行外包处治，提高节点刚度和强度。对病害较轻的节点，可采用粘贴纤维复合材的方法外包节点进行处治。

条款7 预制拼装拱桥的铰缝、横向接缝开裂严重时，应进行专项的特殊检查和结构检算，查明原因并采取处治措施。非结构原因造成的此类病害，也会降低结构整体性，应及时处治。根据病害情况，以增强结构整体性和耐久性为处治目标，可以对裂缝进行封闭处治，或采用钢筋混凝土加厚拱背的整体化层，也可采取在主拱圈增设套箍等措施。

条款8 当无铰拱主拱圈拱顶区段下缘的横向开裂发展到一定深度

时,截面的受压面积变小,相当于形成铰,改变原结构体系,稳定性降低。如果出现多条横向裂缝,形成三铰以上,易导致结构失稳破坏,主拱圈会出现异常的变形,如拱轴线呈 M 形。应立即开展特殊检查工作,查明病害成因和程度,采取相应的加固处治措施,必要时应采取交通管制措施,确保安全。

条款9　参见本规范第4.7节相关内容。

条款10　混凝土系杆与预应力混凝土梁的养护内容基本相同。

4.4.3　拱上建筑的养护与维修应符合下列规定:

1　拱式腹拱的拱铰及变形缝应保持工作正常,有杂物时应予以清除。

2　腹拱、侧墙出现开裂、破损、错位、倾斜或外移等病害时,应及时修复。

3　拱上填料应密实、无沉陷,有沉陷时应及时处治;拱背防排水系统应保持畅通。

4　梁式拱上结构的养护维修,应按本规范第4.3节相关内容执行。立柱、立墙的养护与维修,应按本规范第4.8节相关内容执行。

5　双曲拱桥拱波、刚架拱桥微弯板等存在露筋、开裂及塌陷等病害时,应及时修复。

拱上建筑是上承式拱桥的桥面系与拱圈之间的传力构造物,其主要作用是为桥梁提供行车平面,并将桥面活载传递到主拱结构上,其自重由主拱承担。实腹式拱桥的拱上建筑由侧墙、拱腹填料、护拱、变形缝、防水层、排水系统及桥面系组成。空腹式拱桥的拱上建筑由多孔腹孔结构和桥面系组成,腹孔结构有拱式腹孔和梁式腹孔。

条款1　拱式腹拱的三铰拱多采用平面铰、弧面铰或假铰(拱顶铰),有的将多孔腹拱做成平铰的双铰拱。保持拱铰转动的机动性对保证结构正常受力十分重要。养护时要注意清除嵌入铰缝、变形缝的杂物等。与变形缝对应的栏杆保持可以自由伸缩。

条款2　腹拱横向开裂较为普遍,从构造上看,腹拱为多孔构成的连拱,需要设置铰以满足主拱圈变形的需要,但实际工程中多数腹拱未设铰或仅设简易铰,起不到作用。随着荷载、温度变化、主拱变形和混凝土收缩等作用,腹拱内产生较大的内力而开裂,在边腹拱上尤其严重,有些边腹拱甚至出现断裂错动,导致结构破坏。因此养护时对腹拱横向开裂问题应充分重视。根据病害情况可采取封缝、粘贴钢板、套拱等处治措施。不论采取何种补强措施,均应注意恢复变形缝的设置,满足腹拱与主拱圈变形协调需求,避免再次开裂。

拱上侧墙若发生较大变形(外凸)、倾斜、开裂或侧墙与拱圈之间脱开,应查明原因并进行相应处理。若为拱上填料压实度不足或拱腔积水造成,应开挖拱上填料,修补防排水系统,拆除病害严重的侧墙后重新砌筑,换填拱上填料并重做桥面铺装层。对设计时已经考虑拱上结构联合作用的拱桥,拱与侧墙开裂、脱离,不能共同受力,应进行检算评估,必要时应进行加固处治。

条款3　排水不畅,拱上填料透水性差、土侧压力大,容易导致桥面的沉陷和侧墙的开裂。维修时,需要疏通排水系统或补设排水通道;必要时更换拱上填料,应选择透水性好的轻质材料换填。多孔连拱拱桥的拱上填料更换时,需要严格根据设计工序进行,并观测相邻孔跨拱圈和墩台的变位。

条款4　钢筋混凝土拱桥拱上建筑常出现底座梁开裂、盖梁与立柱剪切斜裂缝和弯曲裂缝等,处治时要对底座梁进行受力分析并按底座梁的受力状态进行配筋验算,对可能存在的拱肋变形不均匀、拱上立柱间横向联系偏弱等问题加以处治。

条款5　引起微弯板开裂的主要原因有局部承受车辆荷载、参与主拱受力强度不足,或拱片发生较大位移、板与肋连接破坏以及施工因素等。可根据病害程度,采取局部修补、灌缝处治、在原微弯板上现浇钢筋混凝土现浇层增大截面、增强拱片横向连接、粘贴纤维片材等处治措施。

4.4.4 钢拱桥养护与维修参见本章相关内容,其中钢构件的养护与维修应按本规范第4.5节相关内容执行。

钢拱桥常见病害包括涂装失效、锈蚀、焊缝开裂、疲劳裂纹、冲击变形、失稳等。钢拱桥涂装失效通常出现在拱上构件凹角、焊缝、构件间缝隙等位置,吊杆钢拱桥易出现涂装失效的位置包括吊杆锚固套筒、拱肋锚固区焊缝等。

4.4.5 钢管混凝土拱桥、钢-混凝土组合结构拱桥养护与维修除应满足本规范第4.4.2条、第4.5节、第4.7节相关要求外,尚应符合下列规定:

1 拱肋、吊杆和锚头应保持清洁,宜定期对拱肋表面涂装进行修复。
2 应及时排出锚头防护罩内积水和拱座处积水,并保持清洁干燥。
3 吊杆应加强横向冲击防护,并注意防水、防锈,发现油脂渗漏时,应补注防锈油脂,修复渗漏部位。
4 钢管混凝土结构存在管内混凝土脱空时,应予处治。
5 拱脚外包混凝土出现开裂时,应及时维修加固。

钢管混凝土拱桥综合利用了钢与混凝土材料的特性,通过钢套箍有效约束,发挥混凝土抗压能力高的特点。钢管混凝土拱桥常见病害有吊杆系统腐蚀和疲劳、钢管内混凝土不密实、拱脚外包混凝土开裂、钢管焊缝锈蚀开裂、钢管锈蚀、钢管变形拱轴线变化等。

条款1 钢管混凝土拱桥最重要的承重部分长期暴露在大气之中,为保证该类型桥梁的使用寿命和正常性能,做好对钢构件的防锈防腐工作十分重要。钢构件涂层修复内容详见本规范第4.5.1条释义。

条款2、3 吊杆体系防水、防腐、防撞击是钢管混凝土拱桥的养护重点。对吊杆锚头的养护工作包括:及时修复老化失效的表面涂装;定期更换锚具锚杯内的防腐油脂,当防腐油脂出现渗漏时,应对渗漏部位实施封堵,并补注防腐油脂;保持下锚头排水孔等排水设施结构完好,排水通畅;及时排除渗水或积水,查明水源后进行封堵;必要时可以对下锚头增设排水设施或除湿装置;如果连接部位因渗水发生锈蚀,排水疏导后需及时进行除锈防腐。

条款4 钢管内有空洞或离析时,一般要先清除离析的胶凝材料,然后钻孔注入填充材料,完成后及时封闭灌浆孔,并进行涂装防腐。填充材料可选用灌注环氧树脂胶,灌注料的强度应大于原混凝土强度。

条款5 钢管混凝土拱桥的拱脚区域受力复杂,尤其是下承式钢管混凝土系杆拱桥的拱脚处于系杆、拱肋、端横梁、立柱等构件集中交汇处,承担着支座、系杆、拱肋传递的荷载,混凝土和钢管两种材料在此处结合,受力复杂,容易产生开裂现象。常见的拱脚外包混凝土的裂缝一般位于拱脚与钢管拱肋预埋段的交界截面,部分裂缝延伸至拱脚侧面,与拱肋方向基本平行;拱脚顶面的裂缝则主要分布于钢管拱肋外侧混凝土厚度较薄的区域。此类裂缝成因通常为:施工过程中,钢管拱肋泵送顶升压注对拱脚钢管产生较大的压应力;运营过程中,温度作用进一步增大钢管的压应力,使得钢管拱的拱脚局部混凝土产生较大拉应力。可根据开裂程度采取相应的处治措施,如灌浆封闭裂缝、局部粘贴钢板或外包钢筋混凝土增大截面等。

4.5 钢结构的养护与维修

4.5.1 钢结构的养护与维修应符合下列规定:

1 钢结构外观应保持清洁,并保持泄水孔或排水槽通畅。

2 钢结构应定期进行涂装防锈。油漆失效区域应及时除锈补漆。钢结构杆件在维修后,应及时涂漆防锈。

3 构件连接螺栓有松动、缺失时,应及时拧紧、补充,对高强螺栓,必须施加设计的预加力。

4 钢构件出现裂纹或异常变形时,应进行特殊检查评估并及时加固处治。

5 应及时更换松动和损坏的铆钉。更换过的铆钉在检验之后,均应涂上与桥梁结构显著不同的颜色,并记录其数量和位置。

6 焊接连接的构件,焊缝处发现裂纹、气孔、未熔合、夹渣、未填满、弧坑等缺陷时,应进行返修焊,焊后的焊缝应打磨匀顺。

7 钢板梁由于穿孔或破裂削弱断面时,可补贴钢板或用钢夹板夹紧处理。钢板受到较短和较深的创伤时,宜用电焊填补。

8 钢桁梁可采用增补钢板、角钢或槽钢等方法进行维修。连接方式可采用栓接或焊接。

9 连接杆件有损坏或强度不足时,应及时维修或更换。

本条规定了桥梁钢结构养护与维修工作的主要内容。

条款1 钢结构桥梁日常养护的重点是防腐,因此应保持钢结构表面的清洁、干燥,防止水或其他对钢材有腐蚀作用的液体长期滞留而腐蚀钢材。

条款2 锈蚀是影响钢结构桥梁技术状况的主要因素,锈蚀引起构件截面减小、承载力下降,腐蚀产生的锈坑可能造成构件的脆性破坏,影响结构安全性。防腐涂层是保证钢结构耐久性的防护层,是防止锈蚀形成或延缓锈蚀发展的措施。钢结构桥梁主要采用的防腐涂层包括金属涂层、有机油漆涂层和复合涂层等。不论采用的是何种类型涂层,其最外层均为有机涂层。随着使用年限的增长,有机涂层受腐蚀介质、日光、风雪等因素影响逐渐老化和腐蚀,最先失去防腐效果,需定期对涂层进行维修。维修的方式取决于对有机涂层老化评价的结果。可参照现行《色漆和清漆 涂层老化的评级方法》(GB/T 1766)的规定,对涂层劣化作出评定,以确定对涂层是进行维修涂装还是重新涂装。当涂层老化性能综合评价等级达到4级和5级时,应尽早重新涂装。表4-1列出了涂层和钢结构锈损状态的描述以及对应的养护对策,可作参考。

表4-1 钢结构锈损状态与养护对策

锈损程度	状态描述	养护对策
A级 影响表观	涂层漆膜还有光泽,构件可有少量锈点	正常保养或预防养护。可在清洁表面后做一层新的覆盖层

续表 4-1

锈损程度	状态描述	养护对策
B级 局部锈蚀	构件基本没有锈蚀,面漆有局部脱落,底漆完好;个别构件有少量锈点,或构件边缘、死角、缝隙、隐蔽部分有锈蚀。对应锈蚀评级Ri1、Ri2,防腐效果差	修复养护。维修涂装:对局部病害,清洁面涂层后,涂装与原涂层相容的配套面漆1~2道;结合涂层老化评价情况,对开裂、气泡、脱落评级在2~3级的,需涂刷中间漆和面漆
C级 较严重	构件局部锈蚀,面漆脱落面积达20%,底漆也有局部锈透,基本金属完好。对应锈蚀评级≥Ri3,有较强缝隙锈,对钢基材黏结力丧失。防腐作用丧失	修复养护。对钢基材除锈后,更新防腐涂装
D级 严重	构件锈蚀面积达40%左右,面漆大片脱落,失去保护功能,但基本金属没有破坏。对应锈蚀评级Ri5,严重缝隙锈或接触锈,并带有钢基材锈损	限制结构使用,立即开展修复养护。对钢基材除锈后,更新防腐涂装
E级 特别严重	基本金属已有锈蚀,存在特别严重的缝隙锈和接触锈,带有明显的截面削弱和刻痕效应,并可能存在应力腐蚀	立即限制使用,测量构件断面削弱程度,根据检算结果,采取补强措施。对锈蚀面进行除锈和清洁,然后采用螺栓拼接钢板或角钢补强,或切除锈蚀区板件重新焊接钢板补强

条款3 钢结构体系中,所有结构杆件都通过节点来连接。按连接方式有螺栓连接、焊接连接和铆钉连接。除焊接外,螺栓连接是当前我国桥梁工程钢构件的主要连接形式。高强螺栓通常紧固到指定力矩,使被连接钢板产生挤压力,通过板间摩擦来实现连接传力。当螺栓连接出现断裂、松动、脱落、螺杆弯曲、滑移变形、连接板翘曲、连接板螺孔挤压等损

伤时,承载能力分析应考虑损伤对节点的不利影响。

螺栓松动时,应及时拧紧,高强螺栓必须复拧至设计预应力。施拧工具标定、施拧工艺流程、质量检查等应符合现行《钢结构高强度螺栓连接技术规程》(JGJ 82)、《公路桥涵施工技术规范》(JTG/T 3650)和《公路工程质量检验评定标准 第一册 土建工程》(JTG F80/1)的有关规定。复拧后的高强螺栓扭矩的允许偏差为±10%。当原有螺栓松动、损害失效或连接强度不足需要更换或新增时,对大型节点,同时更换的数量不得超过该节点螺栓总数的10%。对于螺栓不足10个的节点,应逐个更换。对少量更换一个节点(拼接接头)的高强螺栓,更换的高强螺栓、螺母及垫圈的强度级别、规格及尺寸应与原螺栓、螺母及垫圈相同,不可混用。螺栓更换后应检查相邻未更换的螺栓是否受影响或松动,如发现松动,也应拆除更换。螺栓修复后,对节点板四周的缝隙应采用腻缝封闭,对螺栓修复区域应采用与全桥相同的涂装进行防护。

条款4 钢结构因荷载反复作用及材料选择、构造形式、制造安装不当等原因,可能产生具有扩展性或脆断倾向的裂纹。其中钢结构疲劳裂纹最为常见,经常出现在拉应力较集中的部位、焊接搭件或焊缝端点上,其中细节部位包括焊缝的根部或焊趾、构件的截面突变或倒角处、冲孔或钻孔及刻槽区域、剪切边或切割边等。钢结构桥梁常见的疲劳裂纹有正交异性钢桥面板的顶板与纵肋连接处疲劳裂纹和横隔板与纵肋交叉处疲劳裂纹、横梁与主梁腹板连接处疲劳裂纹、桁架桥风撑等长细构件根部疲劳裂纹、腹板横向加劲与上翼缘接触处疲劳裂纹、腹板纵向与横向加劲连接处疲劳裂纹、板梁薄壁腹板与翼缘颈焊位置处疲劳裂纹、铆钉或螺栓及焊接孔边的疲劳裂纹等。当钢结构(节点)出现裂纹时,应进行特殊检查评估,在分析裂纹产生原因及其影响严重性的基础上,有针对性地采取改善工作状况的措施或进行加固处治。不宜修复加固的构件应拆除更换。修复或加固前,可以在板件裂纹的端外$(0.5\sim1.0)t$处钻孔(t为板件厚度),即止裂孔。通过释放裂纹尖端的应力达到止裂作用,作为临时应急措施,以防止裂纹急剧扩展。对裂纹的修复以改善裂纹区域应力状态、阻止裂纹进一步发展为目标,应选择残余应力小、对原结构损伤小、利于再次修复的构造设计和制造工艺。根据开裂程度可选择设置止裂孔、气动冲击、超声锤击、补焊、粘贴加固材料等冷维护方法或加焊钢板、重熔等热维护方法进行修复。

钢结构变形可分为结构整体变形与构件变形。结构整体变形包括结构整体垂直度变化(倾斜)与整体平面弯曲(挠度);构件变形包括构件垂直度变化、构件侧向弯曲变形与构件跨中弯曲变形。钢结构杆件变形偏差值超过表4-2中限值时需要进行矫正处理。

表4-2 钢结构杆件变形容许值

序号	变形类型		容许限值
1		竖向弯曲	弯曲矢度小于跨度的1/1 000
2		横向弯曲	弯曲矢度小于自由长度的1/5 000,并且在任何情况下不超过20mm
3	板梁、纵梁、横梁及工字梁	上盖板局部垂直弯曲	$f<d$ 或 $a>B/4$ d——钢板或钢板束的厚度; B——由腹板至盖板边缘的宽度
4		腹板受拉部位有弯曲	凸出部分直径小于断面高度的0.2倍或深度不大于腹板厚度
5		腹板受压部位有弯曲	凸出部分直径小于断面高度的0.1倍或深度不大于腹板厚度
6	桁梁	主梁压力杆件弯曲	弯曲矢度小于杆件自由长度的1/1 000
7		主梁拉力杆件弯曲	弯曲矢度小于杆件自由长度的1/500
8		主梁腹杆或连接杆件弯曲	弯曲矢度小于杆件自由长度的1/300

对异常变形,应依据特殊检查和评估结果,查明变形原因后采取相应的处理措施。对变形的处理方法有冷矫正法、热矫正法、热-机械矫正法、

更换或加固。冷矫正法采用人工或机械力矫正变形,适用于尺寸较小或变形较小的构件。热矫正法常采用乙炔气和氧气混合燃烧火焰为热源,对变形结构构件加热使其产生新的变形来抵消原有的变形。对变形过大的情况,经检算评估后采用加固或更换构件的方式修复。

条款5 铆钉连接是利用轴向力将零件铆钉孔内钉杆镦粗并形成钉头,使多个零件相连接的方法。铆钉连接虽然韧性和塑性较好,但施工复杂,已经逐步被焊接和高强螺栓连接代替。近年来新建钢桥大多为栓焊结构,但早期修建仍在运营中的钢桥多数是铆接结构。对铆钉检查可用锤子进行敲击,通过敲击声音判断是否松动。有松动、错头、歪斜、钉头龟裂或锈蚀严重的铆钉均应拆除,重新铆接。拆旧铆钉时,一般用稍小于铆钉孔直径的钻头钻除或铲除旧铆钉,不可用气焊枪切割,以免扩大铆钉孔。

修复铆钉连接仍可采用铆钉连接方式更换铆钉,但铆接施工复杂,如新换铆钉紧压程度太强,会影响相邻完好的铆钉,使其受力性能变弱,削弱节点的连接能力,进而可能需要将节点的原有铆钉全部换掉。因此采用高强螺栓替代损伤的铆钉,是较优的修复方式。不仅施工简化,高强螺栓的工作性能较铆钉也更为可靠。用高强螺栓更换损伤铆钉时,铆合面应经现场喷砂处理后安装,保证摩擦系数满足高强螺栓设计要求。代替铆钉的高强螺栓的承载力不小于所更换铆钉的承载力。

条款6 对于焊接的缺陷,应根据情况选用不同的修复措施。当焊缝或其热影响区有裂纹时,应及时修补。可沿焊接裂纹界限向裂纹两端延长50mm,将焊缝金属或部分母材用碳弧气刨等刨去,然后根据焊缝所在部位选择正确的焊接材料,采取预热、控制层间温度和后热等工艺措施进行补焊,也可对焊缝开裂采用补焊短斜板的加固方式。斜板的长度超出裂纹范围外,超出的距离不小于斜板的宽度,此时焊缝的裂纹可不清除,但应在裂纹两端钻止裂孔。焊缝成形不良时,可以采用车削、打磨、铲或碳弧气刨等方法清除多余的焊缝金属或部分母材,清除后所存留的焊缝金属或母材不应有割痕或咬边。清除焊缝不合格部分时,不得过分损伤母材。修补焊接前,应将待焊接区域清理干净。修补夹渣缺陷时,一般应用碳弧气刨将其存在缺陷的焊缝金属除去,重新补焊。对于焊瘤的修补一般是用打磨的方法将其打磨光顺。超过规定的气孔,必须刨去后重新补焊。超过标准的未焊透缺陷,一般采用碳弧气刨刨去有缺陷的焊缝,用手工焊进行补焊。

条款7 对受力构件应通过计算确定补贴钢板的厚度,承载力应满足设计要求。补强钢板的边缘应挫平,补强钢板与原构件的所有接触面应保证清洁,确保结合面紧密贴合。补强完成后对裸露出的钢表面进行涂装。

条款8 钢桁梁养护维修还应注意节点板与钢梁连接面四周部位缝隙的处治。缝隙宽度小于或等于0.5mm时,可采用油漆调制腻子密封处理;缝隙宽度大于0.5mm时,可采用密封胶密封处理。

条款9 杆件更换时,需对原杆件进行卸载。受拉杆件可采用临时缆索系统,受拉缆索应在杆件两侧平行于杆件布置,缆索锚固端应安装缓冲垫块,避免缆索系统损伤钢构件。受压杆件可采用临时支撑系统,受压支撑系统应考虑荷载偏心,进行强度、刚度及稳定性验算。

4.5.2 钢构件屈曲、撞击造成损伤、开裂或退化以及验算证明不满足有关要求的构件应进行更换。承载能力不足的构件可通过粘贴钢板或型钢予以加强。

构件更换时,需对原构件进行卸载,采用可靠的临时支撑方式,确保安全。对细长受压杆,采用粘贴钢板或型钢方式加固可以增加截面的回转半径,提升其承载能力。粘贴的钢板或型钢可采用栓接方式与被加固构件连接。采用增贴杆件补强方式时,还需对节点连接进行验算,连接不足时应同时增强节点连接。

4.6 斜拉桥上部结构的养护与维修

4.6.1 斜拉索的养护与维修应符合下列规定:

1　应保持索体表面清洁,及时清除附着物。

2　拉索锚具及护筒内应保持清洁、干燥。锚头漏水、渗水时,应及时将水排出并予以修复。

3　定期更换拉索两端锚具锚杯内的防护油。

4　定期更换钢护筒与套管连接处的防水垫圈及阻尼垫圈。

5　定期对拉索两端钢护筒作涂漆、防锈处理。发现钢护筒开裂、渗水、漏水时,应及时处治。

6　锚固系统的钢构件出现锈蚀时,应及时除锈和作防腐处理。

7　斜拉索护套出现大量表层裂缝或破损严重时,应及时修补。

8　斜拉索钢丝锈蚀后,应进行特殊检查评估并及时维修或更换。

9　锚具或其连接螺栓、锚拉板等构件存在开裂、变形时,应进行特殊检查评估并及时维修加固。

《公路斜拉桥设计规范》(JTG/T 3365-01—2020)中明确了斜拉索为可更换部件,其设计使用年限不应低于20年。斜拉索由索体和锚具(锚杯、锚圈、连接筒)两部分组成。斜拉索两端分别锚固于主梁和主塔上,通过受拉的方式将主梁恒载和活载传递到主塔中。连接筒通常密封穿过埋设在主塔和主梁内部的预留孔洞。斜拉索主要有平行钢丝索和钢绞线索两类,各自配套的锚具不同,其防护层也有区别,需结合各自构造特点实施养护。

条款1　斜拉索是斜拉桥的养护重点,斜拉索截面较小,处于高应力状态,对腐蚀作用十分敏感,因此养护中保持拉索的防护层有效十分重要。应保持斜拉索表面的清洁,及时清除附着物。冬季斜拉索结冰、掉冰情况引发交通安全事故,养护时应予以重视。

条款2~6　斜拉索养护的重点部位是上、下锚具、锚头、拉索出口密封处等。斜拉索的锚固系统是容易产生病害的部位,容易积水且检查较困难,该部位受力也复杂,更易发生拉索钢丝锈蚀、断丝甚至索体断裂的病害。因此,对斜拉索应采取预防养护措施,通过主动养护防止腐蚀问题产生。要及时清理锚固系统附近的杂物、积水,发现渗水应查明来源并进行密封处治;定期更换斜拉索两端锚具锚杯内的防护油,并对丝杆、螺母等部位涂刷防护油(漆)进行防腐;定期更换钢护筒与套管连接处的防水垫圈及阻尼垫圈,保持良好密封性能;通过定期涂刷防锈漆,保证斜拉索及其锚固系统处于干燥、清洁的环境中,避免出现腐蚀病害。一旦发现病害,在查明并分析原因后,及时采取合理的处治措施。

条款7 护套开裂可采用冷补法,即用高强黏结剂修复破损护套,施工时应注意修补区域(补丁)方正规则,并且不能与PE护套黏结。具体为用机械方法剔除PE套管破损部位,直至露出完好的聚乙烯;然后用丙酮对待修补部位进行清洗,加工坡口;接着用与原护套材料相同的焊条进行加压堆焊,直至恢复护套厚度,最后用抛光机抛光焊接部位。修补后的PE护套应光滑、平整、牢固、无裂痕。修复后可涂刷与原护套相同的涂装。此外,也可以采用热缩带对护套进行修复,具体为用缠绕机按一定的缠绕角将带状热缩材料缠绕在外层PE管上,再经加热装置处理,使缠绕材料与PE管相结合。

条款8 现行《公路桥梁技术状况评定标准》(JTG/T H21)将斜拉索锈蚀、断丝从表观的定性描述分为5个评定标度,可以对构件进行评分,但没有量化指标指导养护操作。高强钢丝表面的坑蚀会导致钢丝的脆性破坏及疲劳强度下降,根据钢丝表面色泽、平整度量化高强钢丝腐蚀程度,制订分级评定标准,并根据分级标准与锈蚀钢丝力学性能建立对应关系,是指导拉索科学养护的依据。国内有学者在进行原状钢丝拉伸和疲劳试验研究的基础上,用刻痕方式模拟钢丝的表面蚀坑,通过有限元分析以及拉伸试验研究蚀坑形态对钢丝力学性能的影响,建立了蚀坑参数与钢丝极限应变的定量关系,提出了考虑蚀坑形态的锈蚀钢丝评价标准,如表4-3所示。研究结果表明,锈蚀对钢丝弹性模量和极限强度的影响不敏感,但坑蚀引起钢丝的延性下降,与坑蚀部位应力集中相关,用坑蚀形状参数可以比较精确地评价钢丝锈蚀的程度,可作参考。

表 4-3　钢丝锈蚀分级标准

等级	形态描述	延性折减率(%)
Ⅰ	钢丝具有金属光泽或表面出现少量白色锌粉	0
Ⅱ	钢丝表面局部出现铁锈,无坑蚀	5
Ⅲ	钢丝表面布满铁锈,有浅蚀坑,最大深度小于0.2mm	15
Ⅳ	蚀坑最大深度介于0.2~0.5mm,宽度与深度比大于4	30
Ⅴ	蚀坑最大深度介于0.2~0.5mm,宽度与深度比小于4	40
Ⅵ	蚀坑最大深度介于0.5~1.0mm,宽度与深度比大于4	60
Ⅶ	蚀坑最大深度大于0.5mm,宽度与深度比小于4	100

钢丝锈蚀通过评估认为拉索可继续使用时,可采用修复方法,具体为切除部分护套,露出锈蚀部分;清除钢丝表面浮锈后,涂刷环氧富锌底漆,需注意清除浮锈时不得在钢丝表面形成划痕;用防锈油脂填充钢丝间空隙;最后修复护套,将索体密封。

条款9　锚拉板开裂可能导致钢丝回缩卸载,降低整索的承载能力及疲劳寿命。一旦发现,应立即开展特殊检查,根据检查评估结果及时采取处治措施。

4.6.2　斜拉索减振装置的维修应符合下列规定:

1　阻尼装置各部位应完整、清洁,及时清除油污、杂物等,保持其正常工作状态。

2　检测发现斜拉索振幅过大,没有减振措施时,应增设减振设施;有减振措施时,应检查其有效性,分析原因,进行修复或更换。

3　对外置阻尼器,应结合构造、类型进行维修。阻尼器内的橡胶防护圈损坏或脱落时,应及时更换。

减振装置是用来抑制或避免斜拉索在风雨作用下出现剧烈振动的,故需要保持其正常的工作状态。减振装置(如外置阻尼器)多为生产厂家提供的定型产品,种类较多,构造和工作机理也有很大的差别,需结合其构造、类型进行养护。当检查发现阻尼器的外观尺寸及位置产生一定的变形时,需要进行调整维修,使之恢复到正确安装位置。按生产厂家提供的养护技术要求对阻尼器内的黏性材料进行检查、比较,工作性能不能满足设计要求时,进行更换。

4.6.3 主梁的养护与维修除应按本规范第4.3节及第4.5节相关内容执行外,尚应符合下列规定:

1 混凝土主梁的拉索锚固区出现开裂、渗水时,应进行特殊检查评估并及时加固处治。

2 钢结构主梁在拉索锚固区,钢构件出现裂纹、变形、锈蚀、渗水时,应进行特殊检查评估并及时加固处治。

拉索与混凝土主梁的锚固一般采用顶板锚固、箱内锚固、斜隔板锚固、梁体两侧锚固、梁底锚固等形式。主梁上设置的锚固块空间受力复杂、应力集中,锚固块的尺寸或配筋不当时易产生开裂。而钢梁的索梁锚固部位受斜拉索锚固力集中作用,稳定和疲劳问题突出,容易出现裂纹和局部变形情况。锚固区病害直接影响拉索的锚固效率,需及时评估处治。

4.6.4 索塔的养护应符合下列规定:

1 保持索塔表面清洁,及时清除表面杂物。

2 空心索塔内应保持通风干燥。

3 索塔的排水系统应处于正常工作状态,应保持索塔顶面、内部、横梁等位置无积水。

4 塔顶变位异常时,应进行特殊检查评估并及时处治。

5 索塔的其他养护与维修应按本规范第4.8.1条及第4.5节相关内容执行。

索塔是通过拉索对主梁起弹性支承作用的重要构件,按塔身材料划分有混凝土索塔和钢索塔。对索塔的养护需结合塔身材料特点根据本规范相关条文开展预防养护或修复养护。索塔日常养护工作的重点为防腐,应保持桥塔清洁、无积水;保持空心索塔通风,缩小索塔内外的日照温差,减弱温差作用效应。

索塔在车辆荷载、温度变化(日照影响)、沉降、风荷载、混凝土收缩、徐变等作用下,塔顶会产生一定的位移,当位移超过设计允许值时就是异常变位。塔顶出现异常变位,说明桥梁可能出现了影响结构安全的问题,需通过特殊检查查找异常变位的原因,并及时处治。

4.6.5 斜拉索的调索与换索应符合下列规定:

1 拉索索力存在异常时,应增加检测频率,出现下列情况时应进行调索:

1) 主梁、主塔线形有异常变化;

2) 索力偏差超过10%或超过设计规定容许值;

3) 上部结构恒载分布有改变。

2 斜拉索出现下列情况时应及时更换:

1) 拉索钢丝严重锈蚀或出现断丝,经评估无法继续利用;

2) 拉索护套损伤严重且无法修复;

3) 锚具损坏且无法修复;

4) 由于荷载增加或其他因素导致拉索索力超出安全限值,且通过调索无法解决;

5) 拉索使用年限超过设计使用寿命;

6) 拉索存在其他严重损伤且无法修复。

3 调索时张拉的顺序、级次和量值应符合设计规定。调索、换索后必须对全桥斜拉索的索力和主梁高程进行测定。

4 仅更换部分斜拉索时,应考虑新旧索的匹配性。

5 更换下来的拉索宜进行详细的锈蚀检验,测定有代表性索体的剩余承载力,为今后养护维修提供借鉴和依据。

斜拉桥调索的目的是改善桥梁受力状态,保持各拉索的索力在设计规定的范围内。换索的目的是用新索替代已经被腐蚀的旧索,防止发生断索事故,同时通过换索,可对斜拉桥的线形和内力进行调整改善,使结构处于良好工作状态。

条款1 斜拉索索力需要控制在设计规定的范围内。索力过大易出现疲劳问题,过小易导致附近索的索力增加。索力的偏差也会导致主梁和索塔的内力变化,易使结构内力分布不合理,因此索力偏差过大时需要进行调索。调索前,对所要调整的斜拉索要进行详细检测,确认索体本身无明显病害,方可调索。如果经过评估,个别索需要更换,则调索和换索工作应同时进行。

条款2 斜拉索断丝可能是锈蚀、应力集中或疲劳造成的,无论是断丝或锈蚀,对斜拉桥的结构安全和耐久性均有重大威胁。斜拉索的截面损失达到一定程度时,应当更换,但不同文献给出的损失率不同且差异较大,如2%、5%、10%、20%。考虑到斜拉桥多为重要性桥梁,规定出现锈蚀或断丝后,由专业机构进行专业试验检测,评估后决定是否换索。

条款3 在换索过程中一般观测以下项目:主梁挠度、塔柱水平位移;拉索是否有断丝、滑丝、失效现象;拉索索力。在换索过程中拉索索力监测包括以下内容:拉索张拉阶段的索力;换索对邻近拉索索力的影响;换索过程中缺一根索对邻近拉索索力的影响。

条款4 随着斜拉索索体构造和材料的优化更新,斜拉桥换索时,采用的新索与原桥拉索的材料性能、索体构造、锚固构造可能差异较大。当利用原索的孔道、锚垫板进行新索穿索和锚固时,需要充分考虑构造的匹配性,避免现场无法穿索、张拉和锚固的情况。在安全可行的前提下,可通过改变新索的结构形式达到与原锚固系统的匹配要求,同时还需考虑再次换索的可行性和方便性。

条款5 斜拉索索体腐蚀后,其抗疲劳性能显著降低。对更换下来的拉索进行锈蚀检验,测定其剩余疲劳寿命和剩余承载能力,可以更准确地预测全桥斜拉索的更换时机,同时也为后期拉索维护提供基础数据支撑。

4.6.6 设有辅助墩的斜拉桥,应对主塔与辅助墩的不均匀沉降进行监测。主塔与辅助墩的不均匀沉降量超过设计要求时,应采取有效措施进行调整。

辅助墩是为了使斜拉桥的主跨结构刚度不受边跨主梁挠曲的影响而在边跨拉索的锚固点设置联杆与下部支墩相连的构造。这样索力的垂直分力所产生的拉力可直接由支墩承受,减小了边跨主梁的挠曲,从而提高了主跨的刚度和结构的整体刚度。当主塔与辅助墩的不均匀沉降超过设计要求时,结构受力发生改变,对结构安全产生不利影响,因此应对主塔和辅助墩开展沉降监测工作。

4.6.7 塔身与梁体间的横向限位装置应保持工作正常。有异常时应及时维修或更换。

飘浮体系斜拉桥的主梁除两端有支承外,其余全部用斜拉索悬吊,不能对主梁提供有效的横向支承,在索塔及两边跨支座处设横向限位装置,可以限制主梁的横向位移,并能使主梁在横向形成较为"柔性"的约束。因此,日常养护时不能忽视对横向限位装置的检查和维修。

4.7 悬索桥上部结构的养护与维修

4.7.1 主缆的养护与维修应符合下列规定:

  1 保持主缆清洁,及时清除其表面的积冰、尘土和油污。

  2 主缆防护层有开裂、剥落时,应尽快修复。

  3 主缆内部应保持干燥状态,存在积水、渗水时应及时将水排出,通过特殊检查后及时采取处治措施,必要时应检查主缆钢丝是否锈蚀,并及时处治。

  4 应防止主缆索股的锚头、锚杆、裸露索股、分索器、散索鞍等处发生锈蚀。发现涂装剥落、锈蚀时,应及时处治。应及时清除表面尘垢、积水,定期涂刷防腐涂装、更换防腐油脂。

  5 主缆采用涂敷油脂防锈并用简易包裹做防护层时,应定期更换油脂及防护层,保持其完好状态。

6 缠丝的漆膜有损坏(开裂、碎片等)或分层剥落时,应重新涂装。

7 缠丝断裂散开时,应先观察主缆是否锈蚀,待除锈后重新缠丝、油漆,保证主缆防护层完好。

8 主缆存在锈蚀或断丝时,应对主缆进行特殊检查,根据腐蚀和断丝情况,研究确定采用局部重新缠丝或更换。

9 对于裂纹扩展至50%直径以上,或腐坑已削弱截面50%以上的主缆钢丝,应考虑更换。

10 主缆断丝较多时,应经过详细计算后采取降低荷载等级或加固、更换主缆等措施,保证结构的安全性。

11 主缆线形应满足设计要求,各索股的受力应保持均匀。经检查个别索股受力出现明显偏差、松弛或过紧时,应进行调整。

12 主缆存在线形变化时,应研究、分析原因,可考虑对主缆线形进行适当调整。

主缆系统养护重点在保证其免受水分侵入产生锈蚀,满足线形和受力要求,保证其耐久性。主缆一般通过紧缆、防腐底漆、缠丝、表面涂装、封闭包裹等工艺隔离空气进行防腐,也可通过主缆内导入空气进行除湿防腐。防护层为防护底漆+彩色防护面漆,缠丝为$\phi 4mm$软镀锌钢丝密缠,缝隙填料为锌粉膏嵌缝。防护层、表面涂装或缝隙填料损坏导致雨水或潮气侵入主缆内部时,海洋大气下的积尘含有大量盐离子,具有极强的腐蚀性,容易引起主缆锈蚀。

条款1 日常养护需要保持防护层和涂装的完好,清扫主缆表面的积灰和油污等。

条款2 采用涂层防护的主缆,对涂层的修复可参照表4-1执行。

条款3 主缆存在的积水一般汇集在主缆截面底部,尤其在主跨的跨中最低点。在此处钻排水孔,可将积水排出。如流出红褐色锈水,则说明主缆外围的钢丝,尤其是主缆侧面和底面的钢丝,已经发生了严重的锈蚀。主缆的水分侵入,有一部分为施工阶段索股架设期间就已存在并被裹入主缆,另一部分为运营期防护层开裂、腻子老化等使雨水侵入。主缆防护层一方面起到阻挡外部水分入侵主缆内部的作用;另一方面却又使已经留存在主缆内部的水分难以排出,白天高温时水汽蒸发,夜晚低温时冷凝,循环往复,造成了主缆的钢丝锈蚀。因此主缆防腐的关键是保持其内部干燥,采用除湿系统吹入干燥空气是目前比较有效的方法。对主缆采用钻孔方式检查、排水和除湿之后,需注意及时修复钻孔。

条款4、5 对钢构件及时除锈,定期涂刷防腐涂装;对涂敷油脂防锈作为防护层的主缆,定期更换油脂及防护层等是悬索桥预防养护工作的重点。

条款6 主缆缠丝及其涂装是主缆的最外层防护,直接承受腐蚀介质的作用,需要特别注意缠丝的养护与维修。

条款7 主缆缠丝断裂破损,说明主缆防护层破坏失去防护能力。应先观察主缆钢丝是否锈蚀,如有锈蚀应除锈后再修复缠丝。缠丝修复工艺为:先清除表面的涂层及密封材料,露出缠丝金属表面;采用钎焊将拟拆除的缠丝段两端并焊,钎焊长度应满足抵抗缠丝张拉的要求;从焊接处截断缠丝,拆除破损的缠丝;对露出段的主缆进行清洁,根据主缆钢丝锈蚀情况进行除锈或局部断丝拼接;对主缆钢丝涂刷底漆、涂抹腻子;重新缠丝,两端与原缠丝旁焊;清洁处理缠丝表面;按设计要求恢复主缆防护层。如要全部更换主缆缠丝,通常需要边放松边缠丝,或放松一段缠丝一段,不让主缆钢丝在空气中裸露太久。

条款8、9 主缆钢丝存在锈蚀或断丝时,应进行特殊检查。可在破坏处和主边跨主缆最低点打开缠丝,用木楔撑开主缆钢丝进行内部检查,检查主缆截面顶部、两侧和底部钢丝的锈蚀程度。对断丝和钢丝裂纹扩展至钢丝直径50%以上或腐坑已削弱截面50%以上的主缆钢丝,应进行局部钢丝拼接更换后重新缠丝。具体拼接更换工艺为:

(1)将断丝处索股绑扎松开,拉出断丝两端,剪除钢丝受损段至完好处。

(2) 取两根适当长度的新钢丝,用挤压连接套管连接旧钢丝 a 和新钢丝 1 的端头。

(3) 用花篮连接套管连接新钢丝 1 和新钢丝 2 的端头,新钢丝端头处理需符合花篮连接套管螺纹连接要求。

(4) 张拉新钢丝 2 和旧钢丝 b 至主缆恒载下的钢丝拉力值,剪除多余的新钢丝 2,测量新钢丝 2 和旧钢丝 b 的端头间隙。

(5) 卸载松开连接新钢丝 1 和新钢丝 2 的花篮连接套管,用挤压连接套管连接旧钢丝 b 和新钢丝 2,端头间隙保持与测量值相同。

(6) 张拉新钢丝 1 和新钢丝 2 至主缆恒载下钢丝拉力值,重新安装花篮连接套管。

(7) 测量连接好的钢丝拉力值,调整花篮连接套管,将拉力值误差控制在主缆恒载下钢丝拉力值 ±10% 以内。

(8) 复位钢丝并扎紧两侧索股。

主缆钢丝拼接更换工艺示意如图 4-1 所示。

图 4-1 主缆钢丝拼接更换工艺示意图

检查与维修过程中,应采取措施防止雨水及冷凝水进入主缆,复原时吹入干燥空气干燥钢丝。

条款 10 悬索桥更换主缆的难度大、造价高昂,目前仅有个别悬索桥更换过主缆,如法国的 Tancarville 桥、多米尼加的 Duarte 桥等。主缆是悬索桥的重要受力构件,对其进行更换需要经过详细论证和科学决策。对小跨径或有文物价值的重要悬索桥,可以考虑更换主缆。

条款 11 索股内力检查可采用千斤顶张拉法或频谱分析法,如施工阶段在张拉索股前锚杆上安装有传感器,可直接读取索股内力。索股调整顺序是先中跨线形、后边跨线形,最后调整锚跨索股张力与拉杆内力。索股张力与拉杆内力的调整通过调节螺母在拉杆上的位置来进行。调整索股内力时不能产生附加力影响,同时还应防止索力调整时索股在散索鞍内滑动引起边跨索股线形变化。

条款12 主缆线形变化偏大,如下挠变大,通常是结构隐藏着较大问题的征兆,需经过多次春秋相同气温下无活载时测试复核确认,会同设计单位和有关专家分析研究,找出原因,提出合适的整治措施。一般发生此类情况多为主鞍座偏移,主塔非中心受压,产生向主跨方向的附加弯曲,进而造成主缆下挠增大。可以采用的处治方案为:封闭交通,解除主鞍的锁定,中跨减载(可考虑更换铺装),边跨加载,使主鞍移向边跨,恢复至要求位置再锁定。该措施必须经过详细论证和周密的施工组织设计后方可实施。

4.7.2 吊索的养护与维修应符合下列规定:

1 应保持保护层、止水密封圈、防雨罩等处于完好状态。

2 经常清除十字撑(减振架)与吊索连接部位的尘垢、积水,保持防锈涂层完好。

3 索夹及其螺杆的涂装有开裂、剥落,或索夹上缝隙间及索夹端部的填缝料有开裂、剥落时,应及时修复。

4 索夹的紧固螺栓应保持在合理的受力状态,不得松动。有松动时应及时紧固。

5 定期对吊索系统各构件涂刷防锈漆,始终保持涂层完好。

6 索夹腐蚀严重,或夹壁、耳板开裂,或根据检查评估结果认为索夹不能继续使用时,应更换索夹。

7 索夹螺杆、螺母、垫圈经评估需要更换时,应逐个更换。

8 索夹高强度拉杆应保持足够的张力,不宜超出设计值±10kN。超出限值时应予以调整。

9 索夹发生滑移时,应予以恢复。

10 具有下列情况之一时,应更换吊索:断丝数大于索体钢丝总数的5%;索体出现严重锈蚀,锈蚀程度大于钢丝全截面的5%;锚杯内螺纹削弱,导致承载力不能满足设计要求;吊索锚头发生裂纹或破损;使用年限超过设计使用寿命。

11 吊杆上安装的制振十字撑断裂,必须及时更换。

12 吊杆索力与开通运营时的索力(或前次实测数据)相差较大(超过10%)时,应查明原因,并结合主缆线形、主梁线形的变化,研究确定是否需要调整吊杆索力。

《公路悬索桥设计规范》(JTG/T D65-05—2015)中明确了吊索、索夹为可更换部件,规定了吊索设计使用年限为20年,索夹设计使用年限为50年。需通过养护维修确保吊索、索夹在设计使用年限内的技术状况满足使用要求,并根据检查评估结果确定更换吊索、索夹的时机。

条款1 引起吊杆系统损坏的主要原因是锈蚀,如防护层、表面涂装损坏导致雨水或潮气侵入引起锈蚀等。吊杆腐蚀将严重影响结构的安全,因此防腐是日常养护工作的重点,应保持保护层、止水密封圈、防雨罩等处于完好状态。

条款2 吊杆减振架等附属构件容易发生锈蚀和疲劳断裂,日常养护应除尘、除水、除锈,保持其使用功能。减振架发生疲劳断裂时,应分析原因并及时更换。

条款3 索夹上缝隙间及索夹端部的填缝料有开裂、剥落时,需要及时修复,避免水汽通过缝隙间侵入主缆,造成腐蚀。

条款4 索夹作为悬索桥缆索系统的重要结构,将结构恒载和车辆活载等产生的吊索拉力传递至主缆。索夹上的螺杆需要施加预紧力,以抵挡由吊索拉力产生的沿主缆径向的分力,从而避免索夹滑移。因而,应通过养护措施保持索夹处于良好技术状态。定期的检测和补张工作是保持索夹螺杆的紧固力、预防索夹滑移的有效手段。

通过检测分析确定需要进行补张时,补张控制力需保证索夹抗滑安全系数不小于3.0,通常可按螺杆设计夹紧力的0.9~1.1倍施加。有研究表明,按1~1.1倍设计值来确定补张控制力的适合情况为:通车初期,主缆钢丝排列未充分完成,索夹螺杆力损失较大的情况,例如南京四桥和泰州大桥紧固补张是按设计值的 1.1 倍施加的。按 0.9 倍设计值来确定补张控制力的适合情况为:通车时间较长,主缆的直径已经基本稳定,考虑到螺杆的螺纹及螺母的长时间使用,可能存在损伤,可以适当降低螺杆的控制张拉力,例如江阴大桥通车近 20 年,在运营期进行过 3 次较为全面的检测及补张,在 2017 年的索夹螺杆补张工作中采用 0.9 倍设计值作为张拉控制力。

紧固补张前先搭设可到达索夹的平台,利用专业紧索工具对索夹螺母进行紧固,施工前应标定压力表,计算出液压泵的控制压力,手动操作。螺母紧固施工按照设计规定的顺序进行,保证螺栓均匀受力。通常情况下索夹由跨中及锚碇向塔顶逐个进行张拉,同一索夹的螺栓尽可能同步张拉。将紧索工具的拉拔筒拧入索夹螺杆外露部分,拧入螺纹部分必须超过外露螺纹 60% 以上方可加力,必要时用脱漆剂脱去螺杆上的油漆,或用攻丝工具对螺纹重新进行修复。加压使拉拔筒拉力达到设计的核定载荷,将已松动的螺母拧紧,卸压并拆下拉拔套筒。如此按上述步骤完成索夹上所有螺杆的紧固。紧固完成后,应对破损的涂层进行修复。

条款 5　定期对吊索系统各构件涂刷防锈漆,始终保持涂层完好,是悬索桥预防养护工作的重点。

条款 6　索夹更换需进行分析计算,制订更换方案,应确保吊索卸载拆除过程中各工况下全桥结构的安全。需通过计算和论证,确保拆除吊索时对塔顶位移和主缆线形影响较小,各构件内力的变化均在允许范围内。索夹更换必须在全桥封闭交通管制条件下进行,施工步骤为:吊索卸载→吊索拆除→旧索夹拆除→新索夹安装→吊索安装→吊索张拉至设计值。索夹更换过程中不宜采用大型汽车吊装。施工时需在有效的测量和监控措施下保证索夹更换力系转换的同步性、均衡性。更换后的索夹应将主缆挤紧,使其在索夹处的空隙满足设计要求。

条款 7　索夹螺栓更换需遵循以下原则:同一索夹拆除一根螺栓后

立即更换一根螺栓,同一索夹不能出现缺少超过一根螺栓的情况;同一索夹螺栓更换顺序必须遵循设计要求的顺序,并通过检测和补张,确保全部螺栓的拉力达到设计要求并受力均匀;为了确保螺栓更换能够有效保证索夹抗滑能力,在更换前对索夹上、下开口两端的缝隙值采用卡尺精确测量记录初始值,待一个索夹全部螺栓更换完毕后,再次测量并记录相同位置4个缝隙值。如果螺栓更换后的缝隙值大于初始值,则需立即停止施工,查明原因。螺栓更换施工结束1个月后,需对新更换的螺杆紧固力再次检测并补张。

条款8 索夹滑移的主要原因,一是高强度拉杆的预应力松弛,使索夹与主缆之间的夹紧程度放松;二是在长期使用后主缆的挤紧程度提高,空隙率减小,使得索夹与主缆的夹紧程度减弱。索夹滑移的危害,一是改变吊索状态,由垂直变成斜吊索,使加劲梁的受力状态改变,吊索的内力改变,对结构产生不利影响;二是索夹在主缆上滑移会损坏主缆防护层,致使缠丝破坏,进而导致主缆损伤;三是滑移造成主缆密封不严,空气和水进入主缆,引起腐蚀。防止索夹滑移的办法,就是定期用高强螺栓的施拧工具补足高强度拉杆的预拉力,使索夹与主缆的夹紧程度保持恒定,使高强度拉杆的预拉力达到并保持设计值。

条款9 索夹滑移的恢复一般与换索工程同步进行。

条款10 悬索桥吊索应根据实际损伤、腐蚀状况及断丝情况决定是否更换。吊索更换应逐根进行,并对索力和变形进行双控。

条款11 悬索桥在车辆、风荷载作用下容易产生振动,尤其是长吊索,风致振动的幅度更大、次数更多。振动会加剧应力幅值的变化,产生局部附加应力,导致断丝等。因此吊索制振设施发生断裂失效后,应及时予以更换。

条款12 恒载改变、温度变化或主缆变细(索夹滑移)等原因会导致吊杆力变化,而个别吊杆力的变化必然会引起邻近吊杆力的重分配,同时使局部主梁的应力状态发生改变,因此需要及时采取有效措施。

4.7.3 索鞍的养护与维修应符合下列规定：

1 应及时清除主索鞍、散索鞍表面的尘土、杂物、积水(雪)。发现锈蚀时，应及时除锈并重新涂刷防锈漆。索鞍的辊轴或滑板应保持正常工作状态。

2 主索鞍紧固鞍座的螺栓及鞍座上夹紧主缆的螺杆、螺母有松动时，应及时拧紧；有锈蚀时，应除锈并重新涂刷防锈漆。

3 索鞍防护罩应保持完好。防护罩内有除湿设备的应保持除湿设备工作正常，出现故障应及时维修；防护罩内填充油脂应定期补充油脂。

4 全铸、全焊、铸焊结合的鞍座局部出现裂纹时，可采取钻孔止裂、磨除(浅层椭圆裂纹)、补焊等措施进行处理。索鞍根部或散索鞍摇臂下部出现较严重裂纹且无法修补时，应更换鞍座。

条款1 主索鞍的鞍体与底座间的滑动式移动摩擦副通常是为实现施工期间的顶推位移而设置的临时性结构，成桥后主索鞍与索塔是固结定位的；散索鞍下设置的移动摩擦副则是永久性结构，通过其位移解决边跨主缆的线形变化问题。因此，日常养护时应及时清除索鞍表面及周边的杂物等，保持索鞍辊轴或滑板的清洁，使其处于正常工作状态。

条款2 主索鞍座槽内的主缆不能与主鞍座发生相对滑移，以免磨伤主缆钢丝，防止主缆的缠丝断裂和鼓包。因此，需要保持夹紧螺杆的拉力，使其不得小于设计规定值，若发现拉力小于设计规定值，应及时拧紧。可采用扭矩扳手或张拉千斤顶恢复其至设计预拉力。如螺栓断裂，应及时更换。这些螺栓多采用中碳素钢或合金结构钢并经调质处理，不宜焊接修复。修复后应进行涂装处理，涂装可采用原桥涂装配方和工艺。

条款3 本款为防腐、保持结构耐久性的养护要求。

条款4 全铸、全焊、铸焊结合的鞍座局部出现裂纹时，首先应采用探伤方法查清裂缝部位、形态、深度和裂缝产生的原因。经研究可先在裂纹尖端钻止裂孔。如发现裂纹进一步扩展，则采取适合的加固措施，如高强螺栓连接或补焊。由于鞍座承受巨大的集中力，修补工作需要非常慎重,必要时要封闭交通甚至考虑进一步卸载。当裂纹严重无法修补,需要更换索鞍时,施工难度和风险较大,应进行细致的研究论证方可实施。美国的曼哈顿桥散索鞍曾经更换,更换时在原散索鞍两侧设临时鞍座,然后撤换旧鞍座,换上新鞍座。更换施工在无活载下进行,施工过程中不损伤主缆钢丝。

4.7.4 加劲梁的养护与维修应按本规范第4.3节及第4.5节相关内容执行。

悬索桥加劲梁形式多样,常见的有钢箱梁、钢桁梁、钢板梁、钢-混凝土组合梁、预应力混凝土梁等,应结合加劲梁的材料与形式按本规范相关内容开展养护维修工作。需注意悬索桥吊杆(索)与加劲梁之间的锚固区即索梁锚固区也是养护重点之一。索梁锚固区是主缆和加劲梁之间的传力构件,是控制加劲梁设计的重要部位。索梁锚固区结构复杂,应力集中,吊杆(索)索力由它传给主梁,其力学性能直接关系全桥的安全。在风与车辆等反复荷载作用下,易发生疲劳破坏。随着交通量的增加,索梁锚固区更易发生疲劳破坏,需及时进行维修处治。

4.7.5 主塔的养护与维修应符合下列规定:

1 应保持主塔表面清洁,及时清除表面杂物。

2 塔顶变位异常时,应进行特殊检查评估并及时处治。

3 主塔的其他养护与维修内容应按本规范第4.8.1条及第4.5节相关内容执行。

悬索桥主塔是支承主缆的重要构件,整桥的恒载和活载大多由主塔承受。主塔大多采用混凝土结构和箱形截面。主塔包括塔顶、主鞍室、主塔身、横梁、塔墩和基础。

条款1 日常保养应保持主塔表面清洁,无油污、尘垢。塔顶和主鞍室无杂物和积水。

条款2 塔顶变位观测一般采用全站仪按三角高程法或极坐标观测

法做四测回观测。塔顶异常变位会改变主缆线形,进而改变吊杆、加劲梁的受力状态,对结构产生不利影响。因此,当确定塔顶变位异常时,应进行特殊检查,评估变位原因和变位对桥梁结构的影响程度,然后采取处治措施。

如因主鞍座偏移,主塔非中心受压,引起塔顶异常变位,可以采取的处治方案为:封闭交通,解除主鞍的锁定,中跨减载(可考虑更换铺装),边跨加载,使主鞍移向边跨,恢复至要求位置再锁定。该措施必须经过详细论证和周密的施工组织设计后方可实施。

条款3 混凝土主塔的裂缝多表现为网状或竖向裂缝,或均匀分布在塔身、塔座的棱线处,多为收缩裂缝,可视裂缝宽度采取封闭或灌浆措施予以处治。对持续发展较宽的裂缝,或初步判断为结构受力引起的裂缝,应查明裂缝成因,采取有效的加固措施。

4.8 桥梁下部结构的养护与维修

4.8.1 桥梁墩台的养护与维修应符合下列规定:

1 应保持墩台表面清洁,及时清除墩台表面的青苔、杂草、灌木和污物。

2 混凝土墩台表面存在侵蚀剥落、蜂窝、麻面、露筋及钢筋锈蚀等缺陷时,应及时修复。

3 墩台开裂时,应根据裂缝性质和影响程度,及时采取相应处治措施。

4 圬工砌体的砌缝脱落时,应重新勾缝;圬工砌体严重风化、鼓凸或损坏时,应及时维修或加固。

5 墩台抗震设施损坏时,应及时修复或改造。

6 桥梁墩台发生异常变位时,应进行特殊检查评估并及时加固处治。

7 盖梁、系梁的养护维修应按本规范第4.3节相关内容执行。

4 桥梁养护与维修

本条在04版规范基础上对桥梁墩台的主要养护与维修内容进行了增补,并提出了具体要求。

条款1、2 这两款为日常保养工作内容与要求。

条款3 墩台开裂首先应根据检查结果判断裂缝的性质、裂缝成因和开裂对结构的影响,然后采取相应的处治措施。结构受力裂缝需根据影响程度采取必要的加固措施,非结构裂缝则根据裂缝宽度采取相应的处治措施。

条款4 石砌圬工出现通缝和错缝时,要拆除部分石料,重新砌筑。

条款5 墩台抗震设施通常为防落梁的限位装置,当其发生损坏时,应及时修复或改造。改造时应注意保证上部结构有足够的变形能力,不影响主梁的正常使用功能;不妨碍支座的移动或转动功能,便于支座的检修;有足够的强度,能有效防止地震时的落梁。

条款6 任何桥梁的地基都处于一定荷载作用下,在其一定深度范围内的各层土体都要产生不同程度的压缩变形,使地基产生沉降,进而使得桥梁墩台随之产生相应的垂直位移、水平位移、转角。不同条件下的桥梁地基沉降的数量、速度、发展趋势等特征差异较大,良好地基的最终沉降值仅为几毫米或者更少,而软弱地基最终沉降量可达数十厘米甚至更多。沉降量与外部荷载呈正比,与时间因素成反比。单位荷载越大,沉降越大;时间越长,沉降逐渐减小,最终趋于稳定。墩台在施工过程中和运营阶段都可能发生持续的沉降。如果沉降值在规定的容许范围内,则对桥梁结构的安全和使用没有影响。

近年来,桥梁受滑坡体影响或周边一侧堆载或取土,土体的沉降和侧向位移对桥梁基础受力产生较大的影响,桩侧土受侧移土体作用相对桩基产生较大的沉降,对桩基产生负摩阻力,降低桩基安全度。同时,基桩在侧移土体作用下产生水平位移和挠曲变形,进而影响桥墩和上部结构,使其产生一系列的变位和破损。

墩台发生异常变位,会改变桥梁结构的受力状态,对结构安全和使用功能造成不利影响。需要进行特殊检查评估,查找变位成因,采取有针对性的处治措施。特殊检查需要观测墩台变位,必要时钻孔分析地质情况,并结合历年的经常检查和定期检查的观测成果,对异常变位进行评判和定量分析。在此基础上,确定加固处治措施。常用的加固方法包括:墩台纠偏;采用增大基础底面积、增大桩头面积、增加基桩、增加支撑梁等方法加固基础;采取高压旋喷注浆、土体注浆等措施加固地基土;通过对墩台身外包钢筋混凝土套箍、更换台后填土、增设辅助挡土墙、框架梁加注浆锚杆等措施加固墩台身。

4.8.2 锥(护)坡及翼(耳)墙的养护与维修应符合下列规定:

1 锥坡应保持完好。锥坡开裂、沉陷,受洪水冲空时,应及时维修加固。

2 翼(耳)墙出现下沉、开裂等损伤时,应及时维修加固。

本条是对锥(护)坡及翼(耳)墙养护维修的具体要求,基本为04版规范的沿用。

条款1 沉陷严重的锥坡,应注意对锥坡内部填土进行充填或换填处治后再修补锥坡表面衬砌。

条款2 翼(耳)墙出现下沉、开裂损伤通常与台后填土透水性差、密实度不足有关,维修加固时,需综合考虑是否需要对台后填土进行换填。

4.9 基础、锚碇的养护与维修

4.9.1 桥梁基础的养护与维修应符合下列规定:

1 桩基础存在颈缩、露筋、钢筋锈蚀等缺陷时,必须及时维修加固。

2 基础出现下列病害时,应及时维修加固。

1) 基础产生结构性裂缝;

2) 出现超过允许值的沉降;

3) 基础病害致使墩台滑移、倾斜;

4) 基础出现大的缺损,使其承载力不足。

4 桥梁养护与维修

3 基础冲刷过深或基底局部淘空时,应及时采取必要的防护措施。

4 桥下河床铺砌出现局部损坏时,应及时维修。

5 高寒地区的桩基础发生浅桩冻拔、深桩环状冻裂时,应予处治。

本条在04版规范基础上对桥梁基础的主要养护与维修内容进行了增补,并提出具体要求。

条款1 对桩基础颈缩、露筋锈蚀等病害,可采取外包钢筋混凝土扩大桩径的处治措施。

条款2 基础承载能力不足,出现超过允许值的沉降时;基础局部被冲空、冲刷严重或基础的病害严重,导致墩台滑移、倾斜时,需要对基础进行加固。

简支结构桥梁墩台基础的容许沉降值和位移值:

(1)墩台均匀总沉降值(不包括施工中的沉降):$20\sqrt{L}$(mm);

(2)相邻墩台总沉降差值(不包括施工中的沉降):$10\sqrt{L}$(mm);

(3)墩台顶面水平位移值:$5\sqrt{L}$(mm)。

注:L为相邻墩台间最小跨径,以m计,跨径小于25m时,仍按25m计算。

桩、柱式柔性墩台的沉降,以及桩基承台上墩台顶面的水平位移值,视具体情况确定,以保证正常使用为原则。连续梁桥的沉降容许值以设计值为准。

常用的基础加固措施包括增大基础底面积、增大桩头面积、增加基桩、增加支撑梁等。采用压浆法增加桩侧摩阻力也是针对钻孔桩缺陷的有效处治方法。

条款3 基础冲刷过深或基底局部淘空,一般采取抛填块石、片石、铅丝石笼等防护措施。对跨径小、净空允许、局部防护难以置于一般冲刷线以下的桥梁,一般采取整孔防护;对跨径较大、天然河底下切、河段上一般冲刷较小、护基顶面有可能设置在一般冲刷线以下的桥梁,一般采取局部防护。

条款4 河床铺砌损坏可补砌或采用混凝土修补。

条款5 高寒地区的桩基础发生浅桩冻拔、深桩环状冻裂时,直接危害桥梁运营安全,应进行加固处治。需根据上、下部结构的损伤情况,采取相应的加固措施。可采用增加基桩、增加支撑梁等方法加固桩基础,同时对新增桩基采用光面混凝土护筒穿越冻结层的方法减小切向冻胀力,也可对桩基采用分离式套管,套管可用钢或钢筋混凝土支撑。为防止套管因冻胀而不断被拔出,可在套管底部镶板或加翼缘,套管与桩之间填砂石渣油和表面活性剂的混合物。另外,也可考虑桩侧换土,将0.7~0.9倍冻深范围的桩侧土换填为较纯净的粗颗粒土(粉黏粒含量不超过5%),换填厚度不小于2倍桩径。当黏土层较厚时,可加深换填至整个黏土层或打盲井排水沟。加固处治过程中,应进行观测和监测,确保安全。

4.9.2 锚碇的养护与维修应符合下列规定:

1 应保持锚碇内外清洁,及时清除锚碇表面的青苔、杂草、灌木和污物。

2 锚室内的温度、湿度应符合设计要求;应保持锚室内通风、照明、除湿系统运转正常,出现异常应及时检查维修。

3 应保持锚碇的防排水系统正常工作,锚室内有渗水、积水时,应查明原因,及时排出积水,并对锚碇的防排水系统进行维修或改造。

4 锚碇混凝土出现剥落、蜂窝、麻面、裂缝、露筋等病害时,应及时维修处治。

5 锚碇及散索鞍、锚固区附近出现裂缝时,应及时维修加固。

锚碇的散索鞍和锚固区附近受力复杂,容易出现裂缝等病害,故需加强这些部位的检查、养护。锚碇及基础出现过大变位、裂缝、渗漏水等病害时,将对主缆的线形、内力等产生影响,对结构的安全不利,故需重视锚碇及基础的养护和维修工作。

条款1、4 这两款为锚碇日常养护的规定。

条款2 悬索桥锚碇进水,锚室内空气湿度较高时,锚室内的主缆锚固系统和主缆系统容易发生腐蚀。因此,保持锚室内的温度、湿度是锚碇日常养护工作的重点。

条款3 通过调研发现悬索桥锚碇的锚室渗水、积水现象较为普遍,尤其是山区公路的悬索桥锚室积水情况更为严重,引发了索股、散索鞍、锚头等钢构件的锈蚀。部分桥梁安装的除湿系统已损坏,无法使用。锚室渗水、积水的原因是多方面的:锚室混凝土开裂,雨水渗入;建设期对锚碇周边山体的水流通道没有封闭到位,防水层失效后,水由锚碇混凝土裂缝渗入锚室;主缆进入锚室处的构造密封不严,雨水随主缆流入锚室;锚室入口密封不严,雨水流入;除湿系统损坏,或仅调试后长期未投入使用,在潮湿环境下失效;缺少专业化的检测与维护。解决锚室渗水、积水的问题,就需要查明水源,采取防、排、降三结合的方式,积极处治锚室混凝土结构的裂缝;完善主缆入锚室处及锚室入口处的密封设施;必要时在锚室周边设置止水帷幕、排水廊道及排水幕排出锚碇周围地下水,降低渗水压力;设置井点降水系统等。加强检修,保障除湿设备正常运转。

条款5 对锚固区域出现的裂缝应分析成因,然后采取相应的加固处治措施。

4.10 支座的养护与维修

4.10.1 支座的养护与维修应符合下列规定:

1 应保持支座各组件完整、清洁、有效,防止积水、积雪和结冰,并及时清除支座周围的垃圾,保证支座正常工作。

2 滚动支座滚动面上每年应涂一层润滑油。在涂油之前,应先清洁滚动面。

3 钢支座应除锈防腐。除铰轴和滚动面外,其余部分均应涂漆防锈。

4 支座的锚栓应连接紧固,支承垫板应平整紧密。

5 养护维修时,应防止橡胶支座与油脂接触,焊接时应对支座进行保护。

    6 板式橡胶支座局部脱空、偏压时,应予处治。

    7 高阻尼橡胶支座等减隔震类支座连接构件失效时,应予处治。

    8 垫石破损等病害,应予处治。

    日常养护需保持支座的机动性能和位移功能。防止杂物、垃圾等将支座卡死,防止钢构件锈蚀、橡胶件老化、紧固件松动等;防止因支座养护不当造成桥梁主要受力部件产生附加内力。

    板式橡胶支座局部脱空是常见病害,维修时一般现场放样,加工楔形钢板予以填塞,改善支座受力,需注意保持支座底面水平。

4.10.2 支座出现下列情况之一时,应予以更换:

    1 支座的固定锚栓剪断并造成其他构件出现病害;轴承有裂纹或切口,辊轴大小不合适;混凝土摆柱出现严重开裂、歪斜等。

    2 支座上下钢板翘起、断裂。

    3 板式橡胶支座出现严重不均匀压缩变形,或发生过大的剪切变形、加劲钢板外露或脱胶、橡胶开裂、老化变质。

    4 橡胶隔震类支座橡胶本体被撕裂。

    5 小跨径桥梁油毡支座的油毡垫层损坏、掉落、老化。

    6 支座滑动面磨损严重,或造成其他构件出现病害。

    7 钢支座主要受力部件出现脱焊,钢部件磨损出现陷凹,或出现较大裂缝、牙板折断或辊轴连杆螺钉剪断、支座卡死等。

    8 支座存在其他影响桥梁正常运营或结构受力安全的病害。

    支座是桥梁的可换部件,尤其是橡胶支座,因材料老化,其使用寿命远比混凝土、钢材短,除了病害严重及时更换外,需根据各地实际情况,建立定期更换制度。早期使用的油毡垫层支座在养护更换时,一般更换为其他性能可靠的支座。

    更换支座时,需首先分析支座病害产生的原因,并进行相应的处理。

    条款3 严重不均匀压缩变形表现为橡胶支座出现不均匀鼓凸,沿支座一侧不均匀外鼓长度与支座相应边长的比值超过50%。支座剪切角大于35°且不可恢复时,可判定为剪切位移过大。

4.11 桥梁附属设施的养护与维修

4.11.1 防撞、导航、警示标志等附属设施应保持醒目、完好。

桥梁设置的航空灯、桥梁助航标志及供电线路、通信线路是桥梁防撞保护的重要措施,如有损坏需及时更换或维修。

4.11.2 防雷设施的养护与维修应符合下列规定:

1 桥梁避雷装置应保持完好。避雷针接地线附近严禁堆放物品和修建设施。严禁挖掘地线的覆土,并应采取防冲刷措施。

2 在雷雨季节前,应对避雷针和引下线及地线进行检查。发现缺损必须及时修理。

防雷设施即防雷保护系统,是用来保护结构物免遭雷击的导体系统。防雷保护系统主要由空中终端(避雷针)、下引导体、连接头、试验接头、地下终端、地极组成。

防雷设施应由专业人员进行检查与养护维修。养护人员应了解桥梁防雷保护系统的组成特征、材料尺寸和防雷系统布置图。在每年雷雨季节到来前,检查每处组成导体、连接接头及接地是否完好与正常;裸露的导体是否被腐蚀;防腐蚀保护、涂装是否失效;对地电阻值是否超过规范规定限值,并查清电阻增大原因。发现缺损需要及时修理。

4.11.3 防抛网的养护与维修应符合下列规定:

1 防抛网应清洁、完整、有效,有缺损应及时维修。

2 应经常检查桥梁防抛网的锚固部位,及时修复锚固区缺陷。对存在安全隐患的防抛网应及时更换。

防抛网的锚固发生松动、脱落,会极大地危害被交路(航道)的行车(船)安全,应经常检查、及时维修。

4.11.4 声屏障的养护与维修应符合下列规定：

1 声屏障应保持整洁完好、安装牢固，并不得影响桥梁结构安全。

2 应经常检查声屏障的锚固位置，及时修复锚固区缺陷。

应加强对声屏障锚固区域的检查和维修，避免脱落事故发生，确保安全。

4.11.5 检修设施的养护与维修应符合下列规定：

1 检修通道的养护与维修应符合下列规定：

1）检修道应保持牢固、完好。

2）主梁、主缆、拱圈、桥塔、墩台等检修通道的扶手、栏杆、爬梯、平台、盖板、承重件等钢构件有锈蚀时，应及时除锈并涂刷防锈漆；锚固件有松动时，应及时紧固；撑杆等杆件有弯曲扭转时，应予以校正或更换。

2 主梁检查桁车的养护与维修应符合下列规定：

1）检查桁车应定期检查，保持清洁、完好。

2）轨道与主梁的连接有松动时，应及时拧紧或维修。

3）检查桁车的行走系统、驱动系统、电气系统等，应根据生产厂家提供的使用说明书进行日常养护工作。

3 应保持桥塔内、箱梁内的照明系统处于正常工作状态。

4 爬梯、工作电梯、观光电梯应定期保养，包括除锈、涂漆、修理损坏的构件等。工作电梯、观光电梯应按生产厂家提供的有关规定或行业规定进行保养。

5 检查门应保持完好。

检修通道是对桥梁构件进行检查、养护、维修的通道，包括主缆检修道、索塔检修道、主梁检修车及轨道、锚室内外检修道、主梁拱圈检修道等，要保证其安全性。对于长期未使用的检修通道，在使用前需根据安全需要进行严格的检查、养护。

对检查桁车、电梯等电动驱动或制动的系统装置，应由专业维修人员进行检查与维修。对于需要专检的设备和部件，应委托具有资质的维修保养单位按照国家相关标准执行专检。

4.11.6 桥梁监测系统及其他附属设施,应保持完好,运行正常。

桥梁监测系统可由该系统的布设单位派专业人员进行检查与维修,保证系统的正常使用。

4.11.7 桥梁永久观测点应保持完好。

4.12 调治构造物的养护与维修

4.12.1 导流堤、丁坝、顺坝、格坝和透水坝等调治构造物应保持完好,出现基础淘空、塌陷或其他损毁时应及时修复。

桥位调治构造物是在桥位及其上、下游附近河段上修建的水工构造物,其作用是调治水流,改善桥位河段水流条件,使桥孔排水、输沙通畅,并减缓水流对桥位附近河床、河岸的冲刷,保证桥梁及桥头引道稳定、安全。导流堤、丁坝、顺坝、格坝和透水坝等调治构造物的功能是引导水流均匀、顺畅地通过桥孔,防止和减少桥位附近河床和河岸的变迁,保证桥梁、桥头引道和河岸的安全与稳定。

导流堤、梨形堤、丁坝或顺坝的边坡受到洪水冲刷和波浪冲击,坡脚发生局部破坏时,一般采取抛填块石和铁丝石笼等措施进行防护。

若调治构造物不足以抗御洪水冲击,需及时进行加固。一般采用植草皮、干砌或浆砌片石、铁丝石笼、抛石等,也采用梢捆、柴排、混凝土或钢筋混凝土板、土工织物等进行加固。加固时,综合考虑水深、流速及波浪冲击等因素。对加固高度的控制,一般淹没式的调治构造物需加固至坝顶,非淹没式的则高于设计洪水位以上至少50cm。

采用抛石和铁丝石笼防护时,抛填要适度,以免减小泄水面积而增大冲刷。抛填块片石时,块片石要有良好的级配,并设置临时木溜槽,以控制抛填位置。

河床冲刷严重,危及墩台基础时,一般分别进行下列处治:

(1)水深较浅的,在枯水季节修整墩台基础冲空部分,中、小桥对桥下河床做单层或双层片石铺砌,必要时铺设挑坎防护。

(2)水深较深、施工困难的,采用沉柴排、沉石笼、抛石护基等方法。

(3)对于流速过大或河床纵坡过大、冲刷严重的不通航小河,在下游适当地点修筑拦沙坝。拦沙坝的高度、间距根据河床的高程和纵坡确定,下游坝顶高程一般与上游桥址处河床的高程相等。

4.12.2 汛期应及时清除调治构造物周边的漂流物。

洪水前后加强对桥梁及其调治构造物的巡查,处理隐患并及时清除调治构造物附近的漂浮物,减少其对构造物的撞击,以免影响调治功能的正常发挥,避免其聚集而引起的碍洪。

4.12.3 发现调治构造物的位置不当,数量、长度不合理等,不能发挥正常作用时,应予改造。

改造调治构造物,应符合现行《公路工程水文勘测设计规范》(JTG C30)的有关规定。

4.12.4 因河道变迁、流向不稳定,或因桥梁上下游河道弯曲形成斜流、涡流,危及桥梁墩台、基础、桥头引道时,应因地制宜地增设调治构造物。

增设调治构造物应结合河段特性、水文、地形、地质、通航要求等因素综合考虑,根据调治目的,按现行《公路工程水文勘测设计规范》(JTG C30)的规定,因地制宜地增设。

5 桥梁灾害防治与抢修

本章在04版规范第11章"桥梁灾害防治与抢修"的基础上修订。04版规范分6节,共20条;修订后为8节,共39条。将04版规范中的水毁防治、洪水期的抢险与维修合并;将04版规范的第7章"桥梁抗震加固"的内容从防治角度进行修订后纳入震害防治;增加了火灾防治和车辆、船舶、漂浮物撞击及山体落石防治方面的内容。

5.1 一般规定

5.1.1 应根据桥梁所处的水文地质条件、气象特征、运营条件,结合对桥梁的技术检查,综合分析评估桥梁的抗灾能力。

评估桥梁的抗灾能力属于适应性评定的工作内容之一。应结合桥梁实际情况,在相关特殊检查的基础上,综合分析评估。危害桥梁的主要灾害有洪水、冰冻、泥石流、地震、积雪、火灾、落石等。

5.1.2 在汛期、台风、暴雪、冰冻等自然灾害频发期,应加强安全隐患排查。必要时应实施交通管制,并及时发布公告信息。桥区附近有落石、滑坡等自然灾害隐患时,应及时上报主管部门,并采取相应处治措施。

本条为桥梁应急养护工作的要求。

应急养护工作的基础是隐患排查。及时开展应急抢修,确保交通畅通是应急养护的目标。在自然灾害频发期,应加强安全隐患排查,及时采取措施确保安全。

5.1.3 重要桥梁和易遭受灾害的桥梁,应制订应急预案,并配备必要的应急人员、抢修材料和机械设备。

本条为应急管理工作的规定。

部"35号文"规定"长大桥隧经营管理单位应当按照交通运输主管部门应急预案要求,针对长大桥隧特点制订专项安全运行应急预案,并与地方人民政府应急预案相衔接""长大桥隧经营管理单位应当根据应急工作需要,配置必要的应急人员和设备,加强应急设备维护和应急救援队伍的业务培训,提高应急处置能力。"

5.1.4 桥梁受灾后,应全面检查桥梁各构件的受损情况,对可能发生断裂、坍塌及失稳的桥梁,应采取必要的临时支护措施。同时应安排车辆绕行,组织抢修便桥、便道,尽快恢复交通。

本条为桥梁应急养护工作的要求。

灾害发生后,应及时开展应急抢修,确保交通通畅。便道、便桥一般就地取材或采用装配式构件,施工方便快捷,并满足承载能力和稳定要求。同时应设置醒目的限速、限载、行车道宽度等标志。

5.2 水毁防治与洪水期抢修

5.2.1 根据桥梁所在河流的地理位置、孔径大小、桥孔位置、桥下净空、基础埋深、墩台基础冲刷、河流与河床的稳定等情况,将公路桥梁防洪能力划分为强、可、弱、差四个等级。现场检查与测量后,按公路桥梁原有的技术等级进行检算评定,评定标准见表5.2.1。

表5.2.1 桥梁防洪能力评定标准

等 级	评 定 标 准
强	1.桥下实际过水面积满足设计要求,桥下净空符合规定; 2.桥孔位置合适,调治构造物设置合理、齐全; 3.河床稳定; 4.墩、台基础埋深足够,基底埋深安全值满足要求;浅基础已做防护,防护周边的冲刷深度小于设计冲刷深度; 5.墩台无明显冲蚀、剥落

续表 5.2.1

等 级	评 定 标 准
可	1. 桥下实际过水面积基本满足设计要求,河道压缩小于10%,上部结构底面高程与梁底最低计算高程相同; 2. 桥孔位置略有偏置,设置了调治构造物,调治构造物有局部缺损; 3. 河床基本稳定; 4. 墩、台基础埋深基本满足要求,浅基础防护基本完好; 5. 墩、台有冲蚀、剥落,面积小于10%,深度小于20mm
弱	1. 桥下实际过水面积不满足设计要求,但不小于设计的80%,或河道压缩小于20%;上部结构底面高程基本与梁底最低计算高程相同; 2. 桥孔有偏置,调治构造物不齐全或有较大损坏; 3. 河床有冲刷; 4. 墩、台基础埋深安全值较低,浅基础防护损坏明显; 5. 墩、台有冲蚀、剥落、露筋,面积超过10%,钢筋锈蚀
差	1. 桥下实际过水面积小于设计的80%,或河道压缩超过20%;上部结构底面高程低于梁底最低计算高程; 2. 桥孔偏置;应设而未设调治构造物,或调治构造物严重损坏; 3. 河床不稳定,冲刷严重; 4. 墩、台基础埋深不够,浅基础无防护或防护被冲空面积超过20%; 5. 墩、台冲蚀、剥落严重,桩顶外露或有缩颈、露筋及钢筋锈蚀严重;砌体松动、脱落或变形

注:梁底最低计算高程是按现行《公路工程水文勘测设计规范》(JTG C30)计算出的桥面最低高程扣除桥梁上部结构建筑高度(包括桥面铺装厚度)后的高程。

桥梁防洪能力评定根据桥梁实际状况按需进行。04版规范要求每3~6年进行一次防洪能力评定,本次修订取消了该频率要求,要求按桥梁实际需求决定,可结合定期检查和水下检查(属特殊检查)结果,判断桥梁是否需要开展防洪能力评定。

如遇设计洪水或超设计洪水,结合水毁调查,于当年进行一次防洪能力评定;对经常受洪水威胁的山区公路桥梁,水毁概率较大,一般每年进行一次防洪能力评定。

桥梁必须满足桥下安全通过设计洪水流量的要求,桥梁本身因素决定着桥梁的防洪能力,这些因素包括:

(1)桥位。桥位河段水流畅通,便于洪水和漂浮物、泥沙通过,避免河床发生不利变形。

(2)桥孔长度。满足泄洪、输沙、通航、流冰的要求。

(3)桥孔高度。满足泄洪、漂浮物通行、通航、流冰的要求。

(4)墩台形式和埋置深度。满足洪水冲刷的要求。

(5)调治构造物。引导洪水顺直通过桥孔,避免河床发生不利变形。

以上任何一种因素处理不当,都可能造成桥梁水毁,因此防洪能力评价也围绕这几个方面开展。表5.2.1是在04版规范的基础上修订的。

按《公路工程水文勘测设计规范》(JTG C30—2015)的规定,桥下净空安全值是设计水位加各种可能发生的水位增高值后,或最高流冰水位以上预留的安全值。因此,本次修订将04版规范桥梁防洪能力评定标准表中的"设计水位"调整为"梁底最低计算高程"。对不通航河流,考虑壅水、浪高、波浪壅高、河弯超高、水拱、局部股流壅高、床面淤高、漂流物高度等诸因素的总和高度;对有流冰的河流,按设计最高流冰水位考虑并计入床面淤高;对通航河流,除满足不通航河流的要求外,应满足最高通航水位和通航净空高度的要求。桥面最低高程按《公路工程水文勘测设计规范》(JTG C30—2015)第7.4节计算,扣除上部结构建筑高度(包括桥面铺装厚度)后即为梁底最低计算高程。

5.2.2 应在汛期进行必要的水文观测,掌握洪水动态,并与当地气象、水文部门取得密切联系,及时收集洪水、雨水预报资料,或向沿河居民进行调查,了解洪水的发生、到达时间等,以判断对桥梁的危害程度。

汛期的水文观测,尤其是行洪过程的水文观测,对于掌握洪水动态、判断对桥梁的影响十分重要。一般观测只记录当年最高洪水位,对于处于不良状态的河床,或因养护管理的特殊需要,则增加流速、流量、流向等观测项目,并观测河床断面冲刷情况。

水位观测一般采用水尺测读,水尺设置在桥台、桥墩或调治构造物上。未设置水尺的,用水准仪巡回测量洪水线高程。流速和流向观测一般采用浮标法。

5.2.3 每年汛期前应对公路桥梁做预防水毁的检查,检查应包括下列内容:

1 桥梁墩台、调治构造物、引道、护坡、挡墙结构是否完好,基础是否冲空或损坏。

2 桥下有无杂草、树枝、石块等杂物淤塞河道;桥位上、下游有无堆积物、漂浮物。

3 桥梁所处河道是否稳定,水流有无变化,桥梁下游是否发生冲刷。

4 挖砂、采石对桥位上、下游河道可能造成的破坏情况。

5 桥梁上游附近有无水库及其设计标准,是否存在安全隐患。

本条规定了汛前检查的工作内容,以预防水毁为目标。根据桥梁灾害调查统计,桥梁水毁占桥梁灾害破坏的首位。汛前检查主要围绕预防、避免水毁发生而展开。

条款1 很多桥梁水毁是因墩台基础发生冲刷造成埋深不足,或基础损坏严重,受洪水冲击而发生沉陷或倒塌。也有些墩台基础埋深足够的桥梁,因洪水冲毁桥头引道路堤,从桥台台后发生垮塌。调治构造物被洪水冲毁,失去调治作用。因此,对墩台、调治构造物、引道、护坡、挡墙结构和基础的检查是汛前检查的重点。

条款2 桥孔被漂浮物堵塞,桥下过水面积会被压缩,导致泄洪不畅,上游水位抬高甚至漫过桥面,洪水冲击作用增大,并伴随漂浮物撞击,会造成桥梁垮塌。尤其是山区河流洪水涨水迅猛,河床为基岩,无法冲刷下切,致使桥梁上游壅水很高,加上漂浮物共同作用,如果桥下净空不足,将对桥梁上部结构产生很大的水平推力,造成整个上部结构被洪水冲毁。因此,汛期前应检查并及时疏通河道淤塞物。

条款3 河流从峡谷段流入开阔段,流速骤减,挟带卵石、砂、砾沉积,河床内形成多处泥沙沉积的沙洲,股流众多,向没有阻挡的两岸冲刷扩散,形成山前区、半山区的变迁性河段。桥梁水毁多发生在变迁性河段上,尤其是宽浅股流众多、极不稳定的变迁性河段上最多。河床演变是河流中的水流和泥沙相互作用,逐渐产生冲淤变形的结果,它是河流的自然属性,桥梁建成后仍然进行着。在变迁性河段的河床内,股流摆动宽度很大,若调治构造物设置不当或者河床变形发展变化,调治构造物未能发挥作用,河床比降加大,流速很急的洪水会冲断桥头路堤,中断交通。因此,汛前检查应了解河道及水流的变化情况。

受到桥墩的阻碍,水流在桥墩周围产生强烈涡流而引起冲刷,当水流达到一定流速(大于起冲流速,小于床沙起动流速)时,在桥梁墩台周围因绕流而使局部流速增大,该处床沙移向下游,出现冲刷坑。冲刷坑内无上游来沙补给,称为清水冲刷。清水冲刷造成桥墩下游侧的冲刷坑加深,影响桥墩的基础埋深。桥墩冲刷检查时,可利用水位观测尺或水准仪巡回测量桥墩的水位高程,采用水深测量仪器(测深杆、测深锤或回声探测仪等)测量测点处水深,水底高程根据水深测量和水位观测结果计算,得出桥位处河床面的冲刷和基础埋深情况。

目前的河床冲刷监测技术可以利用水深传感器构建桥位区河床冲刷监测系统,监测桥墩群桩基础内部的河床冲刷情况;利用多波束测深系统建立河床冲刷监测系统,能够监测整个防护区的河床冲刷情况。

条款4 河槽内长期大量挖砂,改变河段河床的天然形态,使床面人工下降达数米之深,更有甚者达十几米深,桥梁基础埋置深度减小,洪水来袭后产生局部跌水、急弯等,引起河床局部冲刷,冲倒桥墩,造成水毁。

条款5 水库泄洪,河流水位猛涨,洪水冲击会对下游桥梁的安全形成威胁。另外,位于水库上游回水(壅水)影响范围内的桥梁,河床床面逐年淤积上升,会使桥孔淤塞,降低泄洪能力,引起的安全隐患不容忽视。汛期需要了解上游水库的设计标准和库容情况,与水利部门建立联动机制,掌握汛期上游水库水位变化情况,在可能发生溢洪或者将要采取泄洪措施前,及时封闭交通,保证通行车辆和人员的安全。

5.2.4 在汛期前应开展预防水毁的养护工作,并应符合下列规定:

1 对防洪能力评定为弱或差的桥梁,应根据情况于每年汛期前及时维修加固。

2 做好河道清淤。

3 维修、加固、改善或增设各类调治构造物及基础防护构造物。

4 采取适当措施,防止漂浮物大量进入桥孔。在漂浮物较多的河流,可在桥墩前一定距离设置防撞设施。

5 做好抢险物资和设备的准备。

本条规定了预防水毁的养护工作内容。

条款1 本款为04版规范条文的沿用。防洪能力评定是为了指导桥梁的养护、维修与加固。防洪能力评定为弱或差的桥梁,已经不能满足正常使用要求,应进行维修加固或改造。

条款3 增设和调整各种调治构造物,需引起重视。引起河势变化的因素较多,一般说来,修建桥梁、设置调治构造物都会引起河道水文条件的变化,有的变化可能与原设计目的不符。因此,调治构造物的设置往往不能一劳永逸,在桥梁的使用过程中,需结合防洪能力评定工作勤加检查,并采取相应的工程措施。

条款4 防撞设施的形式根据流速、水位、漂浮物多少、流量大小等选择,一般采用单桩、群桩或三角护墩等。

5.2.5 在汛期应加强对桥梁的巡查。小的水毁应及时进行处理排除;发生严重毁坏,危及行车安全时,桥梁两端应及时设立警告标志或禁止通行标志,组织抢修并及时向上级报告。

本条规定了汛期的巡查要求。行洪期间,应做的养护工作是加强巡查,目的是及时发现安全隐患,及时排除、抢修或发出警示信息,保证人员和车辆的通行安全。"严重毁坏、危及行车安全"的情况,应禁止通行。

5.2.6 洪水期的抢修与维修应符合下列规定：

1 监视漂浮物在桥下的通过情况，必要时应用钩杆等引导其顺利通过桥孔。对堵塞在桥下的漂浮物应及时移开或捞起。

2 洪水时，桥梁墩台、引道、护坡、锥坡发生冲刷，危及构造物安全时，应采取抛石、沉沙袋或柴排等紧急措施进行抢护。但不宜向上游河中直接抛填，以免减少泄水面积而增大冲刷。抛填块石时，可设置临时木溜槽，以控制抛填位置。

3 遇特大洪水，对采取抢险措施仍不能保障安全的重要桥梁，在紧急情况下，经上级主管部门批准，可采用炸药炸开桥头引道宣泄洪水，以保护主桥安全度汛。

本条规定了洪水期抢修与维修的要求，为应急养护工作内容，是04版规范条文的沿用。

条款1 抢修的主要工作之一是引导、挪移漂浮物，防止漂浮物在桥墩处聚集阻水，加大对桥梁的冲击力。

条款2 本款是当基础冲刷时的紧急防护措施，用抛填的方法防止冲刷继续扩大。

条款3 本款是遇特大洪水，重要桥梁受到洪水威胁的紧急情况下的引流分洪措施。采取该项措施，需经上级主管部门批准。洪灾的情况不同，抢修工作应相机进行，果断指挥。

5.2.7 便道、便桥的设置应符合下列规定：

1 便桥、便道选址应充分考虑周边交通情况，减少工程量，满足防洪要求，且不影响恢复原桥或新建桥梁的施工等因素。

2 便道、便桥设置应因地制宜、施工方便，利于快速建成。

3 在宽滩性河流上修筑便道、便桥时，可采用漫水式，必要时应对便道上、下游边坡作防冲处理。

4 便桥宜采用结构简易的小跨径桥型，必须满足承载能力和泄洪能力的要求。

5 便道、便桥宽度可根据通行要求确定,不宜小于4.5m。

6 漫水便道、便桥应设置鲜明的警示水位标志,限速、限载标志,行车道宽度标志。

7 应加强对便道、便桥的日常使用维护,及时修复损毁,保证交通。

桥梁水毁,交通中断,需要组织抢修便桥、便道尽快恢复交通。本条规定了洪水期便道、便桥的设置要求,为应急养护工作内容,基本为04版规范条文的沿用。

5.2.8 洪水过后,应及时清理河床上的漂浮物和沉积物,使水流顺畅。

本条为新增条款,规定了洪水过后的养护工作内容。

5.3 冰害防治

本节在04版规范基础上,增加了桥面积冰的预防措施与要求;细化了桥下河床积冰、流冰以及预防冰凌撞击的防护措施与要求;增加了通过加固桥墩提高抵抗冰凌撞击能力的规定;增加了对涎流冰预防措施的规定。

5.3.1 应提前做好桥面积冰、积雪预防措施和抢修方案,并应符合下列规定:

1 宜采用人工、机械及时清除桥面积冰、积雪;不宜使用氯盐类融雪剂,若在应急抢险中短时使用,应及时清洗桥面,有条件时,可采用环保型融雪剂等化学除雪方法。

2 清除的冰雪不宜堆放在桥面两侧,暂时堆放的应及时移除。

3 不能及时清除桥面积冰、积雪的桥梁,应撒铺防滑材料(如粗砂或灰渣),增强桥面抗滑能力。

4 处于弯道、陡坡路段的桥梁宜设置积冰、积雪警示或预告标志,减低车速、保障安全。

本条为新增条款,规定了桥面积冰、积雪的预防措施和抢修方案,为预防养护工作内容。

桥梁冰害包括桥面积冰及桥下河床积冰或流冰对桥梁自身安全、行车安全造成的危害,其中桥面结冰对行车安全危害最大,需要提前做好预防措施和抢修方案,确保桥上行车安全。

桥面积冰在冬季雨雪过后较为常见,凌流冰严重时也可能拥上桥面造成积冰。桥面积冰主要防治措施是既要及时除冰,同时又要撒铺防滑材料,增设警示或预告标志,确保桥面行车安全。

桥梁雪害主要是桥面积雪病害,桥面积雪与桥面结冰往往相伴发生,其防治办法与道路雪害的防治办法基本一致。桥面积雪的防治措施主要是及时清除积雪,通过撒铺防滑材料提高桥面的防滑能力,增设警示或预告标志提醒驾驶员减速慢行,避免交通事故。另外,有关调查资料及研究成果显示,氯盐类融雪剂对桥面混凝土腐蚀严重,并对混凝土抗冻性产生不利影响,在桥梁冬季养护中一般不使用。

5.3.2 对桥下河床积冰或流冰,可采取下列截流或防冻疏流等工程措施进行分类治理:

1 容易造成冰拥阻塞的山区小桥涵,可加强结冰期排水工作,及时进行河道疏导,保障畅通。

2 河流水源不大,入冬后河面结冰,且冰面上升造成桥孔被堵或在路上形成冰坝的桥梁,桥梁上游有大片低洼地时,可用土坝截流。

3 河床纵坡不大的河流,可于入冬初在桥位下游修筑土坝,使桥梁上、下游约50m范围形成水池。水面结冰坚实后,在水池上游开挖人字形冰沟,同时在下游河床最深处挖开土坝,排干池内存水,保持上下游进、出水口不被堵塞,使水从冰层下流走。

4 可在桥位上、下游各30~50m的水道中部顺流开挖冰沟,用树枝、柴草等覆盖保温,并经常进行检查维护,使冰沟不被冻塞,解冻开始时将其拆除。

本条规定了河床积冰或流冰的防治要求,为预防养护工作内容。本条在04版规范条文基础上,增加了小桥涵积冰处治措施要求,明确了采用土坝截流的前提。

条款1 对于一般中、小桥梁,由于水源不大,防治冰害的主要方法是通过工程措施截流或防冻疏流,减少桥下结冰积冰,避免堵塞河道。

5.3.3 春季解冻时,对桥下河流易形成冰凌的桥梁,应加强流冰期检查、观测和养护,可采取下列方法对冰凌进行处治:

1 解冻前,对桥梁上游河道中的冰层及其厚度进行调查、探测,应备足抢护材料、工具和照明设备。

2 解冻临近时,可做下列准备工作:

1) 在桥位下游用人工或爆破方法开挖冰池,开挖长度为河面宽的1~2倍,宽度为河面宽的1/3~1/4,并不小于最大桥跨。

2) 冰池下游一定范围内开挖不小于0.5m宽的纵、横向冰沟,冰块很厚可能有强流冰发生时,可在桥墩四周开挖出宽0.5m的冰槽。

3) 对冰池、冰沟应经常检查,有冻结时应反复捣开。

3 流冰临近时,应及时破碎上游冰层,对较大的流冰体,可在上游用炸药破碎。

4 气温突变河流解冻产生大量流冰,可能对桥梁墩、桩柱、台和导流坝产生冲击,或大量冰排聚结在桥梁附近可能阻塞河道时,应及时进行冰凌爆破,送走冰排。

5 积冰严重时,应在下游及时疏导冰块。

本条规定了对冰凌进行有效疏导的预防措施,为04版规范相关条文的沿用。

对于大江、大河等桥下结冰严重的桥梁,由于气温突变河流解冻可能产生大量流冰(冰凌)。大量冰凌流动可能对桥梁墩台、桩柱和导流坝产生撞击或挤压,阻塞河道。冰压力及冰凌撞击力有时非常巨大,远远超出设计允许值,需要及时采取爆破等措施减轻其危害。当冰凌大量聚结在桥梁附近,严重威胁桥梁安全时,需要果断实施爆破。

5.3.4 春季流冰持续时间长,冰凌体积大且流速快的桥梁,可考虑对其墩台进行加固处理,增强其抗撞击能力;未设破冰棱体的宜增设。

本条为新增内容。

提升墩台的抗冰凌撞击能力,可以通过改变桥梁墩台的外形,将上游侧外包钢筋混凝土增大截面的方式加固,并设置护面钢板。未设置破冰棱体的墩台宜在上游墩台身迎水面增设,并将破冰棱体用护面钢板包裹,防止冰凌的撞击。

5.3.5 易形成涎流冰的沟谷桥涵,宜增设保温盲沟或在桥涵进口处设置聚冰坑,防止涎流冰堵塞桥涵或拥上桥面,桥涵上游沟谷可根据条件设置挡冰栅栏。

本条为新增内容。

中、重冻区山岭公路经常遭受涎流冰危害,涎流冰严重时也可能拥上桥面造成积冰。它悬于边坡,滞于路肩,堵塞桥涵或拥上路面,造成路基、桥涵水毁或桥涵结构损坏,轻则阻碍交通,重则发生事故。实践证明,只要精心设计,加强养护,涎流冰是可以防治的。涎流冰形成的源头是水,因此需要强调及时排水,尤其是冰结期排水。桥涵结构物容易造成冰拥阻塞,所以设计和养护时要创造更多的畅通条件(如设保温盲沟)。

对沟谷涎流冰通常调查汇水面积、水位及流量等资料。桥涵净跨、净高一般较历年最高涎流冰水位净空加大50cm,并在桥涵进口处设置聚冰坑。

5.4 冻害防治

5.4.1 位于寒冷地区的桥梁,墩台及调治构造物基础因埋置深度不足出现的基础冻胀、融沉、桩基冻拔、翼墙开裂等病害,应通过维修加固或改建使其满足需要。

含有水的岩土,当温度降至负温时,所含水将从液态转变为固态的冰,此时因体积膨胀而产生冻胀力,水还产生胶结力(冰结力)等。伴随着土中水的冻结和融化,会发生一系列冻土现象(冻胀丘、冰锥、冰湖、融冰滑塌、冰胀与融沉等)。这些冻土现象,构成了对工程建筑物稳定性和安全性的威胁,一般称为冻害。

对多年冻土地区的桥梁结构,冻土融化除使地基承载力、抗剪强度等发生急剧下降外,水分的挤渗排出还会产生融化沉降变形(简称融沉),尤其是不均匀的融沉会造成结构的破坏。对季节性冻土地区的桥梁结构,土的冻胀作用可使地基产生不均匀冻胀变形、基桩冻拔;对支挡结构物(桥台前、侧墙,挡土墙等)会在墙背产生远大于土压力的水平冻胀力,使桥台八字墙外倾、前墙与侧墙开裂,使轻型桥台台身断裂等。

桥梁冻害严重威胁桥梁结构的安全,需通过维修加固或改建使其满足需要。维修加固除了需要解决桥梁结构已经出现的开裂、变形、变位外,还应采取防冻措施对既有结构予以保护,避免因冻害再次引起桥梁损伤。当确定改建桥梁时,应结合桥梁环境状况、冻害发生机理和桥型结构特点,优化设计方案,提出有效的养护措施,从根本上解决冻害问题。

5.4.2 混凝土或圬工结构因冻融循环作用引起的损伤,宜采取下列防治措施:

1 冬季来临前,保持桥面铺装完好,桥面及梁体排水通畅、无积水。

2 可采取包裹沥青毡、镶面或表层涂层等措施,提高混凝土防撞墙、护栏底座、护轮带等桥面系混凝土的抗盐蚀性及抗冻性。

3 可采取外包高抗冻性混凝土或钢板、表层涂层等措施,提高水位变动区墩台抗冰冻能力。

4 及时修补水位变动区的混凝土结构裂缝、圬工结构脱落的砂浆勾缝,或将圬工结构改造为抗冻耐久性更好的混凝土结构。

本条列举了针对桥梁结构因冻融循环作用引起的损伤的常用防治措施。其中桥梁上部结构冻害防治措施、桥梁墩台抗冻措施、桥涵混凝土抗冻措施以及浆砌砌体工程抗冻措施为新增内容。

混凝土的冻融破坏实际上是水化产物结构由密实到疏松的过程。当前,对混凝土冻融破坏机理研究有代表性的理论是静水压理论和渗透压理论。静水压理论:混凝土中既含有达到毫米级的粗孔,也有小至纳米级的凝胶孔,孔径小的孔容易吸满水,而孔径大的孔由于空气压力,常压下不容易吸水饱和。在温度低于0℃以后,部分毛细孔水结冰,水转变为冰体积膨胀9%,增加的体积产生压力,当该压力大到一定程度时,混凝土强度不能承受,出现膨胀开裂。渗透压理论:孔隙内冰和未冻水两相的自由能之差引起渗透压,冰的蒸汽压小于水的蒸汽压,使得尚未结冰的水向冻结区迁移并在该冻结区转化为冰。冻结区水结冰后,未冻溶液中盐的浓度增大,与周围液相中盐的浓度差也产生一个渗透压。两者合力作用造成混凝土破坏。

不论何种研究理论,由其破坏机理可以看出,避免混凝土结构被水侵蚀或采用抗冻性能好的混凝土,是防止冻融破坏的关键。

5.4.3 防治融沉宜采用保温覆盖法,对已发生轻微融沉的桥梁,应在融化前采取隔热保冻措施。

防治融沉主要采用保护覆盖法,即尽量不破坏基础周围的地表覆盖层,尤其对草皮和泥炭层更应注意,以减少热量散失。对已经发生融沉的桥梁,应在融化前采取隔热保冻措施,用隔热性好的材料或土壤换填铺覆,保证地基土处于冻结状态。

热棒技术也是较为有效的保冻措施。热棒即热虹吸管,在青藏铁路工程中用于解决冻土问题的热棒是一种无芯的中空双层管,管的下端充填着工质(液态氨)。埋入地下的部分为蒸发段,地上的部分为冷凝段。在冬季,由于地温比气温高,蒸发段吸热后使得底部的工质(液态氨)蒸发上升,然后在顶端被冷却后从外层的内管壁流下来,如此循环往复,将土体中的热量带出,从而实现土体的降温。而冻土的强度与温度密切相关,温度越低越稳定,于是保证了地基的强度,防止融沉发生。

5.4.4 冻胀病害防治可采取下列措施：

1 可采取基侧换填抗冻胀性能较好的砂砾等材料，或改善基础侧面光滑程度等措施，减小扩大基础的侧面冻结力。

2 可采用将冻土层内的桩壁加分离式套管的方法防治桩基础冻胀。

3 受冲刷影响底面部分或全部处于河床冻胀土层内的桩基承台，可采取加固或减小冻胀力等措施，避免不均匀冻胀对承台造成的剪切破坏。

本条对最常见的桥梁扩大基础和桩基础的抗冻胀措施进行了规定，各种抗冻胀措施的核心是减小基础侧面的摩阻力，限制不均匀冻胀发生。其中对桩基承台的抗冻胀防护为新增内容。

条款1 基侧换土：将基础侧面的冻胀土挖除，换填纯净的粗颗粒不冻胀土，换土厚度一般不小于2.0m或2倍桩径。换填土下是不透水黏土层时，由于冻结时未冻水无通路挤渗排出而降低防冻胀效果，这时可以加深换填深度或采用盲沟加强排水。改善基础侧面光滑程度：将原粗糙的基础侧面改建成表面光滑的侧面，并用工业凡士林、沥青渣油或渣油表面活性剂（一般用铬盐和憎水性脂肪胺）等涂抹基础壁面，也可在侧面铺油毛毡，以减小冻结力。

条款2 分离式套管法：用于桩基础的防冻，套管一般采用钢或钢筋混凝土制作。为防止套管因土冻胀而被不断拔出，在套管底部加镶板或翼缘板。套管与桩之间填砂石与渣油（或蜡）的混合料。

条款3 桥梁桩基承台常常因河道摆动、水流冲刷等原因部分或全部暴露在外，冬季极易产生冻胀或不均匀受力，防治办法一是对承台进行加强处理（如增大截面或配筋），使其可以承受额外冻胀力（或不均匀受力）的作用；二是尽量减小可能产生的冻胀力（如采用分离式套管减小桩基冻胀力，或采取扩大基础的防冻胀措施减小承台受力）。

5.4.5 桥台水平冻害防治可采取下列措施：

1 可利用增设锚杆、锚定板来平衡水平冻胀力，或将八字墙与前墙连成整体,采取增加台身配筋等技术措施增强桥台抵抗冻胀能力。

2 可采取换填、加强排水和保温等措施减小台后水平冻胀力。在台背换填非冻胀的砂砾时,在台背增设排水盲沟并在台背和路面下层铺设保温材料。

桥台水平冻害防治主要采取两方面措施:一是提高桥台自身抵抗水平力的能力(包括抗弯能力、抗剪能力及抗倾覆、抗滑动能力);二是减小或消除水平冻胀力的产生。

5.5 泥石流防治

本节在04版规范第11.6节的基础上修订。从预防角度出发,提出了对泥石流评估和应对措施的总体要求;按泥石流性质细化了防治措施;以确保安全为原则,从泥石流灾害发生前、发生过程中、发生后三个方面,作出了明确规定。

5.5.1 在汛期前,应根据桥涵所在泥石流区的地质状况及强降雨天气预报,评估泥石流可能对桥涵产生的影响,并采取必要的应对措施。

泥石流是一种突然爆发的含有大量泥沙、石块的特殊洪流。主要发生在地质不良、地形陡峻的山区。一般来说,形成泥石流有三个条件:一是有较集中、不稳定的松散土石物质;二是有突发而急骤的水流;三是有宜于汇水和较陡的地形。

我国四川、云南和青藏高原东南部山地是泥石流主要发育地区,泥石流呈带状或片状分布。泥石流爆发突然,历时短,冲出的大量固体物质对桥涵等构造物造成堵塞、淤埋、冲刷、撞击等破坏,也淤塞河道,迫使水流改道。在泥石流发生前,根据桥涵所在泥石流区的地质状况及强降雨天气预报,做好泥石流对桥涵影响的评估工作,明确危及桥涵安全的泥石流隐患点。

5.5.2 泥石流灾害处治措施,应根据泥石流沟的地形、地质状况、沟槽宽

度及坡度、泥石流性质、流势,以及泥石流对桥涵危害程度等因素综合考虑,可采取下列措施:

1 位于频繁发生较大的黏性泥石流区及规模较大的稀性泥石流区的桥梁,可改线绕避。

2 跨越稀性泥石流或水流中含砂石较多河沟的涵洞,可增加涵洞跨径或改涵为桥。

3 在泥石流形成区,可采取截水、排水并结合支挡等工程措施控制水土流失和防止滑坍发生。

4 在泥石流经过区,可在过流沟道内采取护底及护坡措施;在储淤条件较好处,可修建拦挡坝或停淤场。

泥石流的成因较复杂,涉及气象、地形、地质等多方面。按物质组成和运动特性,泥石流分为黏性泥石流、稀性泥石流和泥流三种:①黏性泥石流,固体物质含量达到40%~60%,最高可达80%,含有大量黏土和粉土并挟有石块、水和固态物质凝聚的黏稠的整体,以相同的速度整体运动。大石块或黏土浆包裹的泥球漂浮于表面而不下沉,流经弯道时有超高和裁弯取直作用,破坏力极大。②稀性泥石流,以水为主要成分,黏性土含量少,固体物质占10%~40%,有很大分散性。水为搬运介质,石块以滚动或跃移方式前进,具有强烈的下切作用。其堆积物在堆积区呈扇状散流。③泥流,固体物质为粉砂,平均粒径小于1mm,含量在60%以上,其中粒径小于1mm的占90%以上。

条款1 公路泥石流防治需根据泥石流的特性合理选用单体或有效组合的防治模式。长期受泥石流影响的公路交通干线一般采取改线绕避,无法避绕时,则将路线改在泥石流危害较轻的河岸,或提高路线高程,或在两岸间穿行,以缩小桥梁与泥石流遭遇的范围。

条款2 在泥石流或水流含砂石较多河沟上的涵洞,常常发生淤埋而失效。因此,在桥涵养护中采取增加涵洞跨径或改涵为桥措施,桥孔尽量采用单孔跨越,以减少被泥石流破坏的机会。

条款3 泥石流是松散固体物源和水的混合体,泥石流的爆发,需要具备充足的物源和适量的水源,两者缺一不可。

(1)控制"水源",水石分治。当山沟内堆积有丰富的松散固体物源,而沟谷源头或中上段又具有很好的集中汇水条件时,设置地表截排水明渠、管道等,尽量通过截排水措施从源头上拦截和排除地表水流,尽量减少地表水的入沟量,减少沟内堆积物爆发泥石流的概率和规模,甚至消除泥石流的起动条件。

(2)控制"物源",注重工程活动对地质环境的影响作用。采取支挡、排水等措施对分布于沟道沿线、源头及两侧的松散堆积体、崩滑体进行治理,避免其转化为泥石流物源,可有效控制大规模泥石流灾害的爆发。

条款4 对于拦挡坝成群建筑,坝间距离按下游回淤的泥沙能对上一道坝起到防冲护基作用为准。拦挡坝有实体坝、格栅坝、铁丝石笼坝等多种形式。停淤场一般设在经过区中、下部的扇面宽阔处,或设在两扇间的低洼处。在物源丰富的泥石流流通区,尽可能采用钢筋混凝土拦挡坝,给先到的洪水留出足够的过流通道,避免洪水的冲刷和坝体被饱水的土石"涨爆"。拦挡坝基础要尽可能进入基岩。

5.5.3 在强降雨期间,应加强对可能受泥石流影响的特大桥、大桥的监测。

在强降雨期间,冲沟内水量突然减少、沟槽断流、沟水变浑并伴有滚石强烈冲击轰鸣声等是泥石流即将爆发的前兆,这些现象是对泥石流隐患点的主要监测内容。

目前,国内已经有科研机构利用北斗3号系统技术、移动互联网、大数据分析技术,结合北斗监测站、北斗基站、地表位移计等设备建立了公路灾害智能监测预警系统,并成功实现了实时滑坡监测预警。泥石流监测除需进行与滑坡、崩塌监测类似的地表变形、降水量、地声、岩土体含水率监测外,一般还要进行泥位监测和视频监测。随着技术发展,泥石流智能监测预警将很快成为现实。

5.5.4 泥石流发生时，应对受影响的桥涵及时封闭交通。

泥石流对桥涵的破坏作用大，为确保通行安全，在泥石流发生时，对受影响的桥涵需要及时封闭交通。

5.5.5 泥石流发生后，应及时对桥涵进行检查。发现桥涵存在冲毁、淤积等破坏情况时，应及时处治。

泥石流发生后，应开展应急养护工作。通过特殊检查掌握受灾程度，及时实施应急抢修、保通等工程措施。

5.6 震害防治

本节为新增内容。

5.6.1 处于抗震设防烈度为Ⅶ度及Ⅶ度以上地区未经过抗震设计的既有桥梁或因使用环境发生变化影响抗震性能的桥梁，应进行桥梁抗震性能评价。

震害发生后，公路桥梁是交通生命线工程的重要节点，桥梁受到震害破坏不仅关系桥梁自身，还会影响整个路网或区域的震后救援与恢复。公路桥梁属于《中华人民共和国防震减灾法》第三十九条规定的第二种建设工程，对未采取抗震设防措施或者抗震设防措施未达到抗震设防要求的，应当按照国家有关规定进行抗震性能鉴定，并采取必要的抗震加固措施。

公路桥梁是生命线系统工程中的关键节点，在抗震救灾中，路网是抢救人民生命财产和尽快恢复生产、重建家园、减轻次生灾害的重要环节。近年来国内外桥梁抗震性能评价、加固改造实践和震害经验表明，对既有公路桥梁进行抗震性能评价，并对不满足评价要求的桥梁采取适当的抗震加固改造对策，是减轻地震灾害的重要途径。因此本规范结合《公路桥梁抗震设计规范》（JTG/T 2231-01—2020），对处于抗震设防烈度为Ⅶ度及Ⅶ度以上地区未经过抗震设计的既有桥梁或因使用环境发生变化影响抗震性能的桥梁,提出应进行桥梁抗震性能评价的要求。

5.6.2 桥梁的抗震性能评价工作应包括下列内容:

1 收集桥梁的基础资料、运营管理资料、检查资料、养护维修资料、特殊情况资料等。

2 现场核查前期收集资料是否符合桥梁实际情况,重点关注相关结构构件的技术状况,必要时进行现场检测,补充实测数据。

3 根据抗震设防类别、抗震设防烈度和桥梁相关结构、构件技术状况及构造措施,对桥梁构造细节和抗震措施进行评价。

4 结合工程地质、水文地质资料,对桥位场地进行评价。

5 根据抗震设防类别、抗震设防烈度、抗震设防水准和设防目标进行抗震分析和抗震验算,对结构、构件承载力和变形能力进行评价。

6 对桥梁结构整体抗震性能作出评价并提出处治意见。

7 编制桥梁抗震性能评价报告。

应根据桥梁结构特点、周边地形、地质、水文、地震断裂带、地震烈度等情况对桥梁进行抗震性能评价,并考虑塌方掩埋、巨石砸毁、泥石流堵塞、基础滑塌等地震次生灾害可能对桥梁的损坏,评价流程和方法可参照《公路桥梁抗震性能评价细则》(JTG/T 2231-02—2021)。桥梁抗震性能评价,是按确定的抗震设防标准,对既有结构在现有状况下的安全性进行评估,它是桥梁抗震设计和加固的基础。

结合历次大地震对桥梁的破坏情况,桥梁抗震评价重点关注:

(1)上、下部结构之间连接处支座的损伤、移位、脱空状况;

(2)梁体的平面移位及潜在的落梁风险;

(3)盖梁、垫石、挡块的破损,以及抗震锚栓的失效状况;

(4)大跨径拱桥的端腹拱变形、破坏情况;

(5)墩柱的开裂、偏位状况;

(6)墩、台基础移位及冲刷状况;

(7)河床变化情况;

(8)地基地质状况等。

5.6.3 根据抗震性能评价结果,对未设置抗震设施的桥梁结构,应增设抗震设施;需进行抗震加固的桥梁,加固措施应符合国家和行业现行有关标准的规定。

随着社会经济的发展,桥梁三水准的"小震不坏、中震可修、大震不倒"的设防目标逐渐转变为四水准的"小震弹性、中震不坏、大震可修、巨震不倒"的设防目标。因此对未采取抗震设防措施或者抗震设防措施未达到抗震设防要求的桥梁结构,应根据抗震性能评价结果设置抗震设施或进行抗震加固。抗震加固可参照相关国家标准和行业标准执行。

5.6.4 桥梁抗震设施的养护与维修应符合下列规定:

1 桥梁抗震设施应保持清洁、完好。震后应及时检查抗震设施的工作状态。

2 混凝土抗震设施出现裂缝、混凝土剥落及混凝土破碎等病害时,应及时进行修补或更换。

3 抗震缓冲材料出现变形、损坏、腐蚀、老化等病害时,应及时更换。

4 抗震紧固件、连接件松动和残缺时,应及时紧固或补齐,并涂刷防锈涂层。

5 桥梁横、纵向联结和限位的拉索,应完好、有效;发现松动时,应及时紧固。

由于工程场地可能遭受的地震的不确定性,以及人们对桥梁结构地震破坏机理的认识尚不完备,桥梁抗震实际上还不能完全依靠定量的计算方法。历次大地震的震害表明,一些从震害经验中总结出来或经过基本力学概念启示得到的构造上的措施被证明可以有效减轻桥梁的震害,如主梁与主梁或主梁与墩之间适当的连接措施可以防止落梁。

桥梁抗震设施是桥梁结构抗震体系的重要组成部分,主要作用为提供明确、可靠的位移约束,能有效控制结构地震位移,防止落梁。抗震设施包括限位装置、减隔震装置等。限位设施不应影响桥梁的正常使用功能,不应妨碍减隔震、耗能装置发挥作用。桥梁结构地震反应越强烈,就越容易发生落梁等严重破坏现象,抗震设施就越重要。因此,处于高烈度区的桥梁结构需特别重视对抗震设施的养护。

5.6.5 震后应及时对桥涵进行安全隐患排查,评估桥梁是否满足车辆通行要求;对存在安全隐患的桥梁应进行维修整治,必要时可采取应急加固措施。

地震发生后,应开展应急养护工作。通过特殊检查掌握受灾程度,及时实施应急抢修、保通等工程措施。本条明确要求在震后及时对桥涵进行安全隐患排查,并根据排查结果有针对性地进行维修整治。

5.7 火灾防治

本节为新增内容。

5.7.1 火灾预防应符合下列规定:

1 应及时清理桥梁及附近的可燃物。

2 产权单位应定期检查维修依附于桥梁上的管线设施,避免因设施故障引发火灾。

3 易燃易爆危险品运输车辆通过桥梁时,应遵照有关规定进行管理。

桥梁火灾多与易燃易爆危险品运输或桥下堆积物燃烧有关。桥梁及附近可燃物通常包括:桥下及桥位附近上、下游的枯草、树枝、垃圾等可燃堆积物;梁体内及桥墩盖梁、台帽顶处的可燃堆积物;吊杆、系杆、斜拉索等有橡胶或PE防护层包裹处的易燃物等。

日常巡查和养护时应根据部"321号文"和"35号文"的要求,做好桥梁安全区管理工作,及时发现并清理桥梁安全区内的易燃物;长大桥隧经营管理单位应当积极配合有关单位加强危险货物运输车辆通行管理;对特别重要的长大桥隧,交通运输主管部门和公安交通管理部门可按照相关规定在入口前联合设置安全检查站;禁止利用长大桥隧堆放物品、搭建设施以及铺设高压电线和输送易燃、易爆或者其他有毒有害气体、液体的管道;其他确需利用长大桥隧铺设管线设施的,不得对长大桥隧安全产生影响,并报经交通运输主管部门同意,与长大桥隧经营管理单位签订铺设协议;管线设施依附在长大桥隧上(内)的,其产权单位应当定期进行检查和维修,避免因设施故障引发安全事故或影响交通。

5.7.2 火灾处治应符合下列规定:

1 发生火灾时,应立即启动应急预案,实施交通管制,组织灭火并及时报告。灭火方式应结合火源、火势与结构物的特点合理选择。

2 桥梁过火后,应及时进行特殊检查与损伤评估,并采取相应的处治措施。

本条规定了火灾发生时和发生后的养护要求,为应急养护工作内容。

条款1 火灾发生时,应立即启动应急预案,开展应急养护。根据燃烧物质的理化性质调动相应的足够灭火和抢险救援的力量,统一指挥部署,迅速开展灭火行动,及时排除险情和有效灭火。

灭火方式需要结合火源、火势与结构物的特点合理选择。如高温火焰烧过的混凝土表面,如果采用冷水灭火,灼热的混凝土表面遇冷水急速冷却,混凝土构件会形成内外应力差,造成混凝土开裂,加重结构损伤。同时,多数危化品燃烧是不能使用冷水灭火的,应根据其理化性质采用正确的灭火剂。灭火一般由专业的消防人员实施,因此桥梁管养单位与消防部门建立联动机制非常重要。

条款2 火灾后的特殊检查评估工作内容包括:火灾温度场评估、桥梁损伤状况检查与评估、受损桥梁构件的力学性能与材料性能评估以及耐久性评估。

火灾温度场评估有助于正确评价桥梁的受损程度,分析桥梁构件材料的实际力学性质。但桥梁火灾现场温度不可能直接测定,一般可采用火灾温度公式法推定。该方法以国际标准化组织(ISO)采用的火灾升温曲线为计算依据。该曲线已被包括中国在内的绝大多数国家普遍采用,且被多数试验研究所证实。此外,还可根据构件表面过火后的颜色评估火场温度。对于构件内部温度场的评定,可根据数值模拟的方法和相关资料推定。根据检测经验,采用现场取芯进行微观分析的方法较好。

火灾后桥梁维修处治措施,应根据材料性能、受损程度、区域和结构特点来确定。对混凝土结构过火后的维修加固,一般先彻底凿除烧疏松的混凝土,确保修补物与原结构的有效黏结。加固后通常需要根据可燃物性质进行耐久性防护。

5.8 车辆、船舶、漂浮物撞击及山体落石的防治

本节为新增内容。

5.8.1 车辆撞击预防应符合下列规定:

1 桥下净空不满足使用要求时,应采取措施防止车辆撞击桥梁。

2 跨线桥可设置主梁及墩台的防撞保护设施,防撞设施不得压缩行车道空间。

3 跨线桥的墩柱及侧墙端面应定期涂刷立面标记,并保持颜色鲜明。

4 被交路设置的限高门架,应设置明显的限高标志牌。

除单车事故外,车辆撞击桥梁通常为桥下净空不满足通行要求或通行车辆外观尺寸超过设计净空。因此,防止车辆撞击桥梁可采取增大桥下净空的措施,一般采取顶升上部结构或下挖被交路的改造措施。采取顶升上部结构措施时,应注意上跨桥梁纵坡顺适问题,下挖被交路则应注意被交路排水问题。如无法从桥上或桥下进行改造,则考虑设置限高门架或其他防撞设施。墩、台防撞设施一般选择防护效果好、占用空间小、利于更换、具有柔性消能的防撞装置。

5.8.2 船舶、漂浮物撞击预防应符合下列规定：

1 对跨越航道的桥梁，宜设置相应的助航及防撞设施，防撞设施不应压缩通航净空。

2 桥下净空不满足通航要求时，宜采取措施防止船舶撞击桥梁。

3 为防止桥梁墩台被漂浮物撞击，可在桥墩上游设置必要的防撞设施。

4 防撞设施可采用钢管桩、钢浮围、缆索等，并设置醒目的警示标识。

本条规定了预防船舶、漂浮物撞击的养护规定。

条款1 对有通航需求的桥梁，设置助航及防撞设施或采取监控预警措施，可以降低撞击事件发生的概率或避免撞击事件引起不良后果，将船舶、漂浮物撞击桥梁的风险降低到合理和可接受的程度。

条款2 桥梁通航孔的通航净空尺度应满足现行《内河通航标准》（GB 50139）、《运河通航标准》（JTS 180-2）、《海轮航道通航标准》（JTS 180-3）和《长江干线通航标准》（JTS 180-4）的要求。桥下净空不满足通航要求时，需要做桥梁适应性评价即防船撞评价。防船撞评价可根据现行《公路桥梁抗撞设计规范》（JTG/T 3360-02），根据桥梁重要性、通航环境、气象水文条件、实际通行的代表船型、公路桥梁的船撞重要性等级、船撞作用设防水准和抗船撞设防目标进行抗船撞性能验算，根据评估结果采取相应的处治措施。

条款3 为防止漂浮物撞击，可采取在上游侧的墩台设置护面钢板，或在墩台身迎水面设置破冰棱体等措施。

条款4 墩台防船撞设施应选择已有工程应用、得到检验、设计方法明确的结构形式。采用新型材料和结构形式时，应对材料的性能、结构的整体稳定性、局部强度、设计方法、防撞效果、耐久性和可维护性等进行专门研究和论证。可采用一体式防船撞设施、附着式防船撞设施或独立式防船撞设施。

附着式防撞护舷安装在承台或墩身侧面,主要起缓冲和分散船舶撞击力的作用。附着式防撞绳索是将钢丝绳通过支撑固定在桥墩上,并在桥墩附近水面水平展铺。当船舶冲撞时,由钢丝绳的弹性变形吸收冲撞能量。附着式防撞木结构主要靠木材的压溃来吸收撞击能量,可以安装在承台上直接抵御船舶的撞击,也可以设置在其他防船撞设施上,如围堰、混凝土箱、防护板防护系统等,既能防止船体与防船撞设施摩擦产生火花,也可以减小船体损伤。附着式防撞钢套箱一般安装在承台或桥墩周围,并能随水位上下浮动,主要靠钢材的塑性变形和破损来吸收撞击能量,减小船舶对桥墩的撞击力。附着式弹性体耗能防船撞设施通常采用钢材和橡胶材料,构成适当的组合形式,利用橡胶等弹性材料的变形来吸收撞击能量,可减小桥墩和船体的撞击损伤。此外,近年来以复合材料、高分子材料等为代表的新型防护结构也有研究和应用。

集群式护墩桩可独立于桥墩进行设置,使船在不撞到桥墩之前就停止,避免由于船撞产生很大的冲击荷载,导致桩结构塑性变形和压碎。独立式防撞墩一般设置在桥墩的上游和下游,防撞墩分为柔性和刚性两种。柔性防撞墩一般采用钢管桩或钢管混凝土桩,这种防船撞设施会发生较大的变形,对船只的破坏较小。刚性防撞墩一般采用预应力混凝土桩或钻孔灌注桩,主要靠船艏变形来吸收撞击能量。薄壳筑砂围堰防船撞设施一般采用圆柱形结构,内部用混凝土或松散的材料填充,起到抵御或缓冲船撞力的作用。这种形式目前在国外有所应用,在我国尚未应用。浮泊缆索系统是指由浮筒、缆索和锚碇构成的独立防撞体系,通过浮筒和锚碇的移动消耗船舶撞击能量,防止船舶直接撞击桥梁结构。

5.8.3 落石防治应符合下列规定:

1 经常检查时,应对桥位附近有落石隐患的边坡进行排查。

2 桥位处于落石频发区域时,宜采取必要的防护、监测及警示措施。

3 桥址区域边坡防护应因地制宜,采取主动防护、被动防护或二者结合的防护措施。

为根治病害,减少再次落石的可能,落石防治通常与边坡整治一并实施。边坡防护首先分析各类边坡的稳定特性及可能的落石轨迹,因地制宜,采取不同的处治措施。

主动防护主要包括刷方、防护工程、支撑工程等;被动防护主要包括遮挡工程、拦截工程等,并与边坡排水整治一并实施。

5.8.4 撞击后,在移除车、船、落石过程中,应避免对桥梁的二次损伤。

撞击后,清理现场时,应根据桥梁损伤程度,搭设必要的临时支护设施。在开展维修工作前,确保桥梁结构和现场人员的安全。采用起重机械挪移撞击物时,应确定合理的工作程序,并严格按照国家相关安全标准与规程进行操作,避免对桥梁的二次损伤。

5.8.5 车辆、船舶、漂浮物撞击及山体落石损伤桥梁后,应及时进行特殊检查与损伤评估,并采取相应的处治措施。

撞击、落石等事件发生后,应开展应急养护工作。通过有针对性的特殊检查,掌握受灾程度,及时实施应急抢修、保通等工程措施。

6 超重车辆过桥

本章在 04 版规范第 8 章"超重车辆过桥措施"的基础上修订。04 版规范分 4 节,共 12 条;修订后为 4 节,共 14 条。对部分条款作出修订,增补了超重车辆过桥方案的要求,删除了具体的加固方案内容。

6.1 一般规定

6.1.1 超重车辆通过桥梁,应采取必要的技术措施和管理措施。

本条为超重车辆过桥的技术和管理要求。

超重车辆是指运输不可分离的超重货物时,轴荷和质量超出现行《汽车、挂车及汽车列车外廓尺寸、轴荷及质量限值》(GB 1589)标准的,需采取特定的管理、技术措施才能通过桥梁的特殊车辆。超重车辆过桥的技术措施按本规范要求执行,管理措施按《超限运输车辆行驶公路管理规定》(交通运输部令 2016 年第 62 号)执行,并需要加强超重车辆过桥期间的现场管理。

6.1.2 超重车辆过桥的技术措施应符合下列规定:

1 应依据现场调查结果和桥梁技术资料,按超重车辆的实际荷载,对桥梁结构进行强度、刚度、稳定性验算。

2 必要时应进行荷载试验,以判定桥梁的承载能力。

3 对不能满足通行需要的桥梁,应进行加固处治。

4 有多条线路可通行时,应选取桥梁技术状况好、承载能力高、加固工程费用较低的路线通过。

本条规定了超重车辆过桥的技术措施,在 04 版规范第 8.1.2 条基础上修订。

条款1 多轴多轮的运载车辆通行会改变桥梁的受力状况。超重车辆过桥前,需查找桥梁的竣工文件、设计文件及其他技术档案资料。依据实桥资料对超限荷载进行检算。同时还要对桥梁现状按本规范第3章的要求进行现场调查,并与技术资料进行比较、核实。如无资料或资料不全,则通过访问调查、必要的检测、测试、钻探等手段弄清桥梁的基本情况。基本数据包括各部件尺寸、材料性质、内部构造、配筋形式、桥梁病害情况等,能够反映出桥梁当前的实际技术状况。

条款2 对特大桥、特殊结构桥梁或特别重要桥梁,为了使桥梁结构在超重车辆过桥时有足够的安全度,一般通过荷载试验,将理论计算与试验测试相结合,对桥梁结构的承载能力进行评判。试验荷载通常不会达到超重车辆的荷载水平,其评判通过外延来确定。

条款3 加固措施要求详见本规范第6.3节。

条款4 为满足超重车辆通行需要,可以不局限对桥梁的加固,绕行、多线路比选也应予以考虑,进行多方案比选。

6.2 结构检算及荷载试验

6.2.1 搜集结构检算所需的技术资料,应包括下列内容:

1 超重车辆技术参数;

2 桥梁设计、竣工文件及养护、维修、改建资料;

3 其他试验检测资料;

4 现场核对记录;

5 对无竣工资料或出现缺损的桥梁,应以能反映桥梁实际状况的检测结果为计算依据。

本条为修订内容。

桥梁的技术资料是结构检算的依据,如果桥梁技术状况良好,有完整的设计资料及竣工文件,可以结合现场核对记录,采用上述文件中的数据。如果无资料或资料不全,桥梁有缺损,技术状况较差,则需进行必要的检查、检测、试验，以获得准确的技术数据。检查内容包括材料性能测试、结构几何尺寸量测、钢筋分布及保护层厚度测试、支承条件调查、桥梁缺损状况调查等。可根据现行《公路桥梁承载能力检测评定规程》（JTG/T J21）开展检测和计算工作。

6.2.2 结构检算应针对可能受到超重车辆荷载影响的桥梁构件或部件，包括上、下部结构承重构件及基础进行检算。检算时应选取符合实际的计算图式，采用安全可靠的计算参数和计算方法。

  本条在04版规范条文基础上细化了检算要求。

  由于施工质量、使用年限、使用环境，桥址的地理、地质条件及养护情况的不同，每座桥梁的实际状况各异，验算时需要考虑旧桥的这一特点。选取结构计算参数时，充分考虑桥梁病害、材料劣化、实测几何参数、支承边界条件变化对桥梁的影响，根据桥梁实际状况对按规范验算的承载力进行折减或提高。对加固后验算，则需要考虑加固后新增部分对桥梁受力体系的影响、加固用材料和原桥材料结合性能、新旧材性差异、附加荷载（温度变化、混凝土收缩、徐变等）影响。

  桥梁的计算荷载直接采用超重车辆荷载，超重车辆荷载效应计算方法与标准设计荷载的荷载效应计算方法相同。

6.2.3 结构检算和检查结果不足以对超重车辆过桥安全性作出判定时，可进行荷载试验。试验荷载应与超重车辆通过的状况相近，必须分级加载。

  本条在04版规范条文基础上修订，从安全角度出发，明确必须分级加载。

  模拟荷载试验可以直接了解桥梁在试验荷载作用下的实际工作状态及一些理论上难以计算部位的受力状态，判别桥梁结构的安全承载能力和使用条件，也可以确定一些理论上无法考虑的因素，有助于发现一般性桥梁检查中难以发现的隐蔽病害。虽然模拟荷载试验需要消耗较多的时间和资金,但在检查、检算不能作出判断时,仍需要做荷载试验。一般情况下布置一组与超重车辆荷载效应相近的试验荷载即可满足要求,若需要全面了解桥梁的技术状况,则按需要布置多种工况加载。为保证安全,必须严格分级加载。

6.2.4 应对结构检算结果或荷载试验结论进行综合分析,判断桥梁承载能力能否满足超重车辆过桥需要。

本条在04版规范条文基础上修订。

对于有试验资料的桥梁,其内力计算时以试验资料为依据。例如通过试验测得的荷载横向分布数据可直接用来进行检算。对检算结果和荷载试验结论需要综合分析判断。

6.3 超重车辆过桥的技术措施

6.3.1 桥梁承载力不能满足超重车辆通行需要时,应对其不足的部分如上部结构、下部结构、地基以至全桥采取安全适用、技术可靠、经济合理的加固措施。特大桥或特殊结构桥梁的加固宜提出两个以上加固方案进行经济技术比较。

本条在04版规范条文基础上修订。

针对超重车辆通行情况的桥梁加固的基本要求是安全适用、技术可靠、经济合理。在此要求下,可以灵活采取各种有效措施。特大桥、特殊结构桥梁的加固,技术复杂,耗资巨大,需要做多方案的经济技术比较。

6.3.2 采取临时加固措施时,根据计算结果和评估结论,应优先采取易于实施及拆除、构件可回收利用的临时措施。

本条在04版规范条文基础上修订。

由于超重车过桥的次数很少,采取临时加固措施较为经济、简单,可优先考虑。临时加固措施在通行结束后即可拆除,临时措施要易于实施和拆除,构件可以回收利用。

6.3.3 采取永久加固措施时,可与桥梁的技术改造及提高荷载等级一并论证实施。加固措施、施工方法、工艺、流程应充分考虑结构倾覆、失稳、沉陷、滑动或坍塌的可能性,确保安全。

本条在04版规范条文基础上修订。桥梁的薄弱部位和构件的加固,要经过详细验算。根据需要分别采取更换、补强或加设辅助支撑等措施。

超重车辆过桥前的加固措施需首先满足超重车辆过桥的承载力要求,可以兼顾对桥梁既有损伤处治和提高桥梁耐久性的要求。若与改善桥梁技术状况或提高荷载等级的改造相结合,采取永久性加固措施可能更为经济合理。对永久加固措施可能带来的不利影响需要重视,比如加固措施可能造成原结构在正常通行荷载下受力不利,压缩桥孔增大阻水面积,改变桥梁原貌、失去外观特色而带来社会影响等。这些不利因素在加固设计时都需要充分考虑,尽量避免或消除不利影响,保证安全。

6.4 超重车辆过桥的技术管理

6.4.1 超重车辆过桥前,应根据承载能力评定的结果,制订过桥方案。过桥方案应包括下列内容:

1　过桥前的巡视检查;
2　过桥时间的制订;
3　指定超重车辆行驶位置和行驶线路;
4　确认牵引车和平板挂车轮距及轴重;
5　人员配备;
6　交通管制措施;
7　现场监控方案;
8　应急预案。

本条为新增内容。

条款1　超重车辆通行前,对桥位处进行巡视检查,及时清除桥下及桥梁两侧建筑控制区的杂物,防止火灾发生;观测桥位周边有无地质灾害发生可能(如暴雨引发泥石流、滑坡,造成对桥梁的填埋、落石冲击等);桥梁上、下游200m范围内,有挖砂、采石、取土、倾倒废弃物、爆破等危及桥梁安全的活动时,需要及时制止。

条款2 过桥时间一般选择在交通量较小的时间段,避免交通堵塞。为保证安全,车辆行驶的位置和线路需严格按过桥方案执行。

条款3 超重车辆一般情况应沿桥梁结构中心线行驶,特殊情况需根据计算确定,详见本规范第6.4.2条的相关释义。当有超重车的车队通行时,应根据检算结果,明确车辆通行间隔的时间和距离要求,严禁同时上桥。

条款4 当桥梁跨径较大时,牵引车与挂车可能均作用于某一内力影响线的同符号区域内,使荷载内力过大。在条件许可时,根据验算结果,适当调整牵引车和挂车的行驶距离,使二者的内力不要叠加,或能相互抵消部分内力。

条款5 人员配备需要满足现场指挥、交通组织、发生紧急情况时应急处置等需求。

条款6 交通管制措施要与桥梁所处线路的特点相结合,利于超重车辆现场通行和通行后的交通恢复。

条款7 超重车辆过桥时需要密切监测,保证安全通行。发现异常时应急处理要及时准确,按应急预案及时采取退出荷载、应急加固等措施。

条款8 应急预案是针对超重车辆过桥的专项应急预案。预案内容包括适用范围、应急组织机构及职责、响应启动、处置措施和应急保障。编制的重点在响应启动和处置措施。根据桥梁结构特点和现场监控指标,明确响应启动的触发条件;处置措施包括超重车辆退出方案、应急加固措施方案等。

6.4.2 超重车辆过桥时,应符合下列规定:

1 超重车辆应沿桥梁结构的中心线行驶。

2　车辆以不大于5km/h的速度匀速行驶。

3　严禁在桥上制动、变速、停留。

4　不得有其他车辆同时过桥。

本条规定是为了保证在超重车辆过桥时，对桥梁产生的荷载效应最小，从而确保安全。

条款1　规定车辆沿桥梁中心线行驶是为了尽可能减少桥梁的内力，无偏载发生，使桥梁结构受力均匀。桥梁中心线是指桥梁结构的中心线，不一定是桥面中心线，对于无分隔带的双幅桥梁，车辆是沿一幅桥梁中心线行驶，还是沿桥面中心线行驶，需通过计算确定。当桥梁加宽或其他原因导致桥梁结构在横向部件上存在质量差异时，根据计算，让超重车辆在指定位置上行驶，使其对桥梁的受力处于相对有利的状态。

条款2、3　要求车辆以低速匀速行驶并禁止在桥上制动、变速、停留，是为了避免动载的冲击作用。

条款4　为减少桥梁活载，保证安全行驶，禁止其他车辆和人群荷载与超重车辆同时过桥。过桥时在相关职能部门配合下，进行必要的交通管制和交通疏导。

6.4.3　不宜在洪水、暴雨、大风等时段组织超重车辆过桥。

发生灾害时桥梁可能已处于比较不利或危险状态，超重车辆通过的安全度会降低，除紧急情况外，这种时期一般不组织超重车辆过桥。

6.4.4　超重车辆过桥时，应现场观测记录桥梁位移、变形、裂缝变化。必要时，还应观测应变、反力、索力等力学参数。

超重车辆通行的同时，需要监测桥梁的位移、变形和裂缝扩张等，即时了解超重车辆对桥梁结构的影响，保证安全通行。现场的监测记录和不同桥型的挠度、应力、应变观测资料可以为桥梁运营和同类桥梁的超重车辆过桥提供参考，对科学研究和积累管养经验也是很有益的。

6.4.5　超重车辆过桥后，应及时检查桥梁主要受力构件的技术状况，发

现病害及时处治。

　　超重车辆过桥后,需检查桥梁主要受力构件有无损伤情况发生,主要关注构件有无开裂和异常的变形、变位。如发现桥梁主要受力构件有损伤,应根据损伤程度采取相应的维修或加固措施。

7 涵洞检查、养护与维修

本章在04版规范第12章"涵洞"的基础上修订。04版规范分4节，共24条；修订后为4节，共23条。章节编排基本为原规范的沿用，内容上调整了涵洞的检查频率，增加了涵洞技术状况评定标准，并将通道的养护内容纳入本章。

通道一般按结构使用功能划分，部分具有人行、车辆通行功能的涵洞习惯上称为通道；而按照《公路工程技术标准》（JTG B01—2014）和《公路桥涵设计通用规范》（JTG D60—2015），桥涵结构物无通道具体划分标准。本次修订时，将符合桥梁标准的通道的养护相关内容并入桥梁，将符合涵洞标准的通道的养护相关内容并入涵洞。

7.1 一般规定

7.1.1 涵洞的养护应符合下列规定：
   1 功能正常、排水顺畅、排放适当。
   2 各构件及附属结构完好。
   3 涵洞表面清洁、不漏水。

本条规定了涵洞养护的基本要求，基本为04版规范条文的沿用。

条款1 涵洞的排水要求顺畅并排放到适当的地方，避免冲毁农田及水利设施。

条款2 涵洞的主要功能是排水，部分具有人行、车辆通行功能的涵洞（习惯上称为通道），需设置限高标志、水尺或照明等附属设施来保证人、车通行安全。因此，涵洞养护除要保证主体结构完好外，还要保持附属设施的完好。

条款3 关于是否允许涵洞漏水的问题，视不同地区和不同结构可以有不同的要求,但总的要求是做好涵洞的防水、排水。如严寒、寒冷地区,钢筋混凝土盖板涵、箱涵如渗漏水,会引发结构物冻融破坏,需严格做好防水和排水工作。

7.1.2 涵洞养护工作内容应包括经常检查和定期检查,日常养护、维修、加固与改建。

本条规定了涵洞检查和养护工程的分类,为04版规范条文的沿用。

7.1.3 涵洞需开挖维修加固时,必须按现行《公路养护安全作业规程》(JTG H30)的要求实施作业。

涵洞的开挖维修,通常采用半边施工、半边维持交通的方式进行。通行部分需要有足够单车通行的宽度。也可采用开设便道(便桥)绕行,或就地架设钢梁,在梁下开挖维修的全宽维修方式。不管何种方式都要强调采取必要的措施,保证行车安全及施工安全。

7.2 涵洞检查

7.2.1 经常检查应符合下列规定:

1 经常检查每季度不少于1次,在汛期及冰雪前后应加大检查频率。

2 经常检查采用目测方法,也可配以简单工具进行测量,现场填写"涵洞经常检查记录表"(附录F),记录所检查项目的缺损类型,估计缺损范围及养护工作量,提出相应的小修保养措施,为编制辖区内涵洞养护工作计划提供依据。

3 经常检查内容包括:

1) 进、出水口铺砌、翼墙、护坡、挡水墙、沉沙井、跌水、急流槽等是否完整。

2) 进、出水口是否堵塞,沉沙井有无淤积,洞内有无淤塞及排水不畅。

3）洞口周围是否有杂物堆积，涵洞是否清洁、渗漏水。

4）高填土涵洞的路基填土是否稳定、是否沉降。

5）涵洞结构各构件是否有损坏。

6）交通标志及涵洞其他附属构造是否完好。

7）其他明显的损坏或病害。

4 经常检查中发现有排水不畅或有构件明显损坏需要进行维修时，应做好记录并及时报告。

本条规定了涵洞经常检查的频率、检查方法和检查内容，在 04 版规范条文基础上修订。主要调整了涵洞经常检查的频率，增补了经常检查方法和记录要求，细化了检查内容。

条款 1 04 版规范规定涵洞经常检查每月至少两次，根据广东、广西、新疆、浙江、吉林、山东、陕西等地近几年养护管理单位反映的情况，由于涵洞数量多，检查工作量大，频率偏高，与《公路养护技术规范》（JTG H10—2009）中规定涵洞经常性检查每季度不少于两次的要求也不尽相同。为保证及时发现涵洞病害的同时，合理分配养护资源，结合涵洞养护检查等级，考虑与桥梁（养护检查等级为Ⅲ级的桥梁）经常检查频率保持一致，方便养护管理单位工作，规定每季度不少于 1 次。洪水、冰雪前后应加大检查频率，由养护管理单位根据当地气象情况自行决定检查次数。

条款 2 涵洞经常检查频率调整后，经常检查记录作为涵洞定期检查、养护维修时的一项重要资料，以制式表格加以统一。本条参考桥梁经常检查记录表，制订了涵洞经常检查记录表。

条款 3 考虑到部分涵洞（通道）具有人行、车辆通行的功能，涵洞需设置限高标志、水尺或照明设施来保证人、车通行安全。因此，经常检查内容增加了交通标志等附属构造的检查。

7.2.2 定期检查应符合下列规定：

1 涵洞的定期检查周期不得超过 3 年，特殊结构及特别重要的涵洞每年检查不少于1次。新建、改建涵洞交付使用两年内,应进行第一次全面检查。经常检查发现存在较大损坏时,应立即安排定期检查。

2 定期检查以目测观察结合仪器观测进行,应接近各部件仔细检查其缺损情况。定期检查的主要工作有:

1)现场校核涵洞基本数据,填写或补充完善"涵洞基本状况卡片"(附录G)。

2)现场填写"涵洞定期检查记录表"(附录H),记录各部件缺损状况。

3)判断病害原因,确定维修范围及方式。

4)进行涵洞技术状况评定,提出下次检查时间建议。

5)对损坏严重、危及安全运营的涵洞,提出限制交通、维修加固或改建的建议。

3 定期检查应包括下列内容:

1)检查涵洞的过水能力,包括涵洞的位置是否适当,孔径是否足够,涵底纵坡是否合适。

2)进、出水口铺砌、翼墙、护坡、挡水墙、沉沙井、跌水、急流槽等是否完整,洞口连接是否平整顺适,排水是否顺畅。

3)涵体侧墙或台身是否渗漏水、开裂、变形或倾斜,墙身砌缝砂浆是否脱落,砌块是否松动,基础是否冲刷淘空。

4)涵身顶部的盖板、顶板或拱顶是否开裂、漏水、变形下挠,砌缝砂浆是否脱落,砌块是否松动、脱落。

5)涵底是否淤塞阻水,涵底铺砌是否开裂、沉降、隆起或缺损。

6)洞口附近填土是否有渗水、冲刷、空洞,填土是否稳定。

7)涵洞顶路面是否开裂、沉陷、存在跳车现象。

8)交通标志及涵洞其他附属设施是否损坏、失效。

4 涵洞定期检查可按表7.2.2,并结合检查人员经验,对涵洞的技术状况综合作出好、较好、较差、差、危险五个级别的技术状况评定,提出日常养护、维修、加固、改建等建议。

表7.2.2 涵洞技术状况评定标准

技术状况评定等级	涵洞技术状况描述
好	各构件及附属结构完好,使用正常
较好	主要构件有轻微缺损,对使用功能无影响
较差	主要构件有中等缺损,病害发展缓慢,尚能维持正常使用功能
差	主要构件有大的缺损,严重影响涵洞使用功能;或影响承载能力,不能保证正常使用
危险	主要构件存在严重缺损,不能正常使用,危及涵洞结构安全

本条规定了涵洞定期检查的频率、检查方法和检查内容。在04版规范条文基础上修订。主要调整了涵洞定期检查的频率,增补了定期检查方法和记录要求,新增了涵洞技术状况评定标准,细化了定期检查内容。

条款1 04版规范规定涵洞定期检查每年至少进行一次。大部分涵洞的主要功能是排水,涵洞淤塞、进出水口冲刷是常见病害,通过经常检查可以发现并及时维修,基本能保证涵洞功能正常发挥。根据广东、广西、新疆、浙江、吉林、山东、陕西等地近几年养护管理单位反映的情况,由于涵洞数量多,检查工作量大,若对涵洞经常检查中发现的病害及时维修,定期检查时一般很少发现较大缺损或经常检查不易发现的病害。《公路养护技术规范》(JTG H10—2009)中规定涵洞定期检查每2~3年1次。为保证及时发现涵洞病害的同时,合理分配养护资源,结合涵洞养护检查等级,考虑与桥梁定期检查频率保持一致,方便养护管理。

对于高填土涵洞、过水要求高的涵洞等特殊设计或特别重要涵洞,参照桥梁的规定,每年至少进行一次定期检查。对于新建涵洞,包括改建、接长等致使原涵洞结构或技术参数发生较大变化的均纳入新建范畴,按照公路工程交竣工验收的有关规定,交付使用两年内,进行第一次全面定期检查。

条款2　本款参照桥梁定期检查有关规定,明确了涵洞定期检查工作内容。同时,参照桥梁卡片,制订了涵洞卡片,作为加强涵洞养护管理、完善涵洞基础档案的一项重要资料。涵洞的定期检查采用目测方法,需要时(如检查裂缝宽度,测量沉降、变形等)也可以辅以仪器。

条款3　本款规定了涵洞定期检查的内容。考虑到部分涵洞(通道)具有人行、车辆通行的功能,涵洞要设置限高标志和照明设施来保证人、车安全通行。同经常检查一样,在04版规范的基础上,定期检查内容中增加了交通标志等附属设施的检查。

条款4　涵洞的技术状况分类与桥梁的分类保持一致,划为好、较好、较差、差和危险五类。本次修订增加了与一至五类涵洞相应的技术状况的描述标准,便于评定。

评定为五类的涵洞,需要关闭交通并改建。检查中如果发现有过水能力明显不足,经常造成内涝及路基损毁的涵洞,一般考虑改建。

7.2.3　涵洞定期检查后应提交下列文件:

1　本次检查涵洞清单。

2　涵洞基本状况卡片(附录G)、涵洞定期检查记录表(附录H)、涵洞技术状况评定表。

3　典型缺损和病害的照片及说明。缺损状况的描述应采用专业标准术语,说明缺损的部位、类型、性质、范围、数量和程度等。

4　两张总体照片。一张上游侧立面照片,一张下游侧立面照片。

5　定期检查报告应包括下列内容:

1)辖区内所有被检查涵洞的技术状况评定等级及日常养护情况,可按路线编号进行统计或按涵洞结构类型进行统计。

2)需要维修加固或改建的涵洞,说明维修的项目、拟采用的维修方案、预估费用和建议实施时间。

3)需进行交通管制的涵洞的建议报告。

本条为新增内容。

为了进一步规范涵洞定期检查,本条参照桥梁定期检查报告的要求,规定了涵洞定期检查后需提交的文件要求,作为涵洞技术档案管理的一项重要资料。

7.3 涵洞日常养护

7.3.1 应保持洞口清洁无杂物,洞内排水畅通,发现淤塞或积雪、积冰应及时疏通和清除。

涵洞的日常养护工作大体分为保洁、清淤、堵漏、结构损伤的维修等四部分。涵洞底部铺砌冲刷损坏,进出水口被冲刷淘空,侧墙、基础或管涵基础被冲刷淘空频率较高,是日常养护的主要工作,需要重视。经常积雪或积雪较深的涵洞,入冬前在洞口外加设栅栏;易发生积冰的涵洞,一般用栅栏封住洞口,融雪时及时拆除。

7.3.2 涵底铺砌、洞口上下游路基护坡、引水沟、汇水槽、沉沙井等发生变形或出现破损时,应及时修理或封塞填平。

维修涵底铺砌时,应注意坡度顺适,保证流水通畅。修复沉沙井时,应将井内淤积物一并清理。

7.3.3 对在进水口设置沉沙井和出水口为跌水构造的涵洞,应适时检查其是否损坏、与洞口是否结合成整体。有损坏或发现裂隙甚至脱离时,应及时修复,使水流畅通。

进出水口如有裂隙,可用干燥麻絮浸透沥青后填实或用其他弹性材料及时填塞;若冲刷、淘空并引起结构变形开裂,可重新填实或压注水泥浆或化学浆液;也可以依据材料类型及损伤情况,参照相同材料的桥梁结构进行维修。

7.3.4 沉降缝或连续缝止水带应保持完好,有破损时应及时更换。

钢筋混凝土箱涵是涵洞常用的一种结构,其止水带一般采用橡胶或塑料制品,需要具有高弹性、耐磨性、抗撕裂性及耐老化性等性质,且与混